# 敦煌經學文獻論稿
## 上冊

許建平　著

# 總序

　　浙江，中國「自古繁華」的「東南形勝」之區，名聞遐邇的中國絲綢故鄉；敦煌，從漢武帝時張騫鑿空西域之後，便成為絲綢之路的「咽喉之地」，世界四大文明交融的「大都會」。自唐代始，浙江又因絲綢經海上運輸日本，成為海上絲路的起點之一。浙江與敦煌、浙江與絲綢之路因絲綢結緣，更由於近代一大批浙江學人對敦煌文化與絲綢之路的研究、傳播、弘揚而令學界矚目。

　　近代浙江，文化繁榮昌盛，學術底蘊深厚，在時代進步的大潮流中，湧現出眾多追求舊學新知、西學中用的「弄潮兒」。

　　二十世紀初因敦煌莫高窟藏經洞文獻流散而興起的「敦煌學」，成為「世界學術之新潮流」；中國學者首先「預流」者，即是浙江的羅振玉與王國維。兩位國學大師「導夫先路」，幾代浙江學人（包括浙江籍及在浙工作生活者）奮隨其後，薪火相傳，從趙萬里、姜亮夫、夏鼐、張其昀、常書鴻等前輩大家，到王仲犖、潘絜茲、蔣禮鴻、王伯敏、常沙娜、樊錦詩、郭在貽、項楚、黃時鑑、施萍婷、齊陳駿、黃永武、朱雷等著名專家，再到徐文堪、柴劍虹、盧向前、吳麗娛、張湧泉、王勇、黃征、劉進寶、趙豐、王惠民、許建平以及馮培紅、余欣、竇懷永等一批更年輕的研究者，既有共同的學術追求，也有各自的學術傳承與治學品格，在不同的分支學科園地辛勤耕耘，為國際「顯

學」敦煌學的發展與絲路文化的發揚光大作出了巨大貢獻。浙江的絲綢之路、敦煌學研究者，成為國際敦煌學與絲路文化研究領域舉世矚目的富有生命力的學術群體。這在近代中國的學術史上，也是一個值得關注的現象。

　　始創於一八九七年的浙江大學，不僅是浙江百年人文之淵藪，也是近代中國社會科學與自然科學英才輩出的名校。其百年一貫的求是精神，培育了一代又一代腳踏實地而又敢於創新的學者專家。即以上述研治敦煌學與絲路文化的浙江學人而言，不僅相當一部分人的學習、工作與浙江大學關係緊密，而且每每成為浙江大學和全國乃至國外其他高校、研究機構連結之紐帶、橋梁。如姜亮夫教授創辦的浙江大學古籍研究所（原杭州大學古籍研究所），一九八四年受教育部委託，即在全國率先舉辦敦煌學講習班，培養了一批敦煌學研究骨幹；本校三代學者對敦煌寫本語言文字的研究及敦煌文獻的分類整理，在全世界居於領先地位。浙江大學與敦煌研究院精誠合作，在運用當代信息技術為敦煌石窟藝術的鑑賞、保護、修復、研究及再創造上，不斷攻堅克難，取得了舉世矚目的成就，拓展了敦煌學的研究領域。在中國敦煌吐魯番學會原語言文學分會基礎上成立的浙江省敦煌學研究會，也已經成為與甘肅敦煌學學會、新疆吐魯番學會鼎足而立的重要學術平台。由浙大學者參與主編，同浙江圖書館、浙江教育出版社合作編撰的《浙藏敦煌文獻》於二十一世紀伊始出版，則在國內散藏敦煌寫本的整理出版中起到了領跑與促進的作用。浙江學者倡導的中日韓「書籍之路」研究，大大豐富了海上絲路的文化內涵，也拓展了絲

路文化研究的視野。位於西子湖畔的中國絲綢博物館，則因其獨特的絲綢文物考析及工藝史、交流史等方面的研究優勢，並以它與國內外眾多高校及收藏、研究機構進行實質性合作取得的豐碩成果而享譽學界。

　　現在，中國正處於實施「一帶一路」偉大戰略的起步階段，加大研究、傳播絲綢之路、敦煌文化的力度是其中的應有之義。這對於今天的浙江學人和浙江大學而言，是在原有深厚的學術積累基礎上如何進一步傳承、發揚學術優勢的問題，也是以更開闊的胸懷與長遠的眼光承擔的系統工程，而決非「應景」、「趕時髦」之舉。近期，浙江大學創建「一帶一路」合作與發展協同創新中心，舉辦「絲路文明傳承與發展國際學術研討會」，都是在新的歷史條件下邁出的堅實步伐。現在，浙江大學組織出版這一套學術書系，正是為了珍惜與把握歷史機遇，更好地回顧浙江學人的絲綢之路、敦煌學研究歷程，奉獻資料，追本溯源，檢閱成果，總結經驗，推進交流，加強互鑑，認清歷史使命，展現燦爛前景。

浙江學者絲路敦煌學術書系編委會

二〇一五年九月三日

# 出版說明

本書系所選輯的論著寫作時間跨度較長，涉及學科範圍較廣，引述歷史典籍版本較複雜，作者行文風格各異，部分著作人亦已去世，依照尊重歷史、尊敬作者、遵循學術規範、倡導文化多元化的原則，經與浙江大學出版社協商，書系編委會對本書系的文字編輯加工處理特做以下說明：

一、因內容需要，書系中若干卷採用繁體字排印；簡體字各卷中某些引文為避免產生歧義或詮釋之必須，保留個別繁體字、異體字。

二、編輯在審讀加工中，只對原著中明確的訛誤錯漏做改動補正，對具有時代風貌、作者遣詞造句習慣等特徵的文句，一律不改，包括原有一些歷史地名、族名等稱呼，只要不存在原則性錯誤，一般不予改動。

三、對著作中引述的歷史典籍或他人著作原文，只要所注版本出處明確，核對無誤，原則上不比照其他版本做文字改動。原著沒有注明版本出處的，根據學術規範要求請作者或選編者盡量予以補注。

四、對著作中涉及的敦煌、吐魯番所出古寫本，一般均改用通行的規範簡體字或繁體字，如因論述需要，也適當保留了一些原寫本中的通假字、俗寫字、異體字、借字等。

五、對著作中涉及的書名、地名、敦煌吐魯番寫本編號、石窟名

稱與序次、研究機構名稱及人名，原則上要求全卷統一，因撰著年代不同或需要體現時代特色或學術變遷的，可括注說明；無法做到全卷統一的則要求做到全篇一致。

書系編委會

# 目次

上
冊

# 我與敦煌學研究

　　我出生在浙江省慈溪縣（今慈溪市）的一個小村莊，童年恰值「文革」時期。與現在的孩子相比，我的童年可以說非常「快樂」，上學沒有任何壓力，讀書的目的就是識字，與前途無關。初中小學的九年，基本就是在玩耍。一九七九年，高二畢業，面臨高考，只是因為自己的理科實在太差，而記憶力尚可，就報了文科班。臨時抱了兩個月的佛腳，在懵懂無知的情況下，參加了第一次高考，名落孫山是意料中的事。但沒想到，我考了全班第一名，雖然離大學錄取線還差了幾十分，但卻達到了入讀區中學長河中學高複班的成績。在高複班裡經過兩年的苦讀，於一九八一年考上了杭州大學歷史系。為什麼會報考歷史系呢？因為我的高考成績，歷史分數最高，所以老師就讓我填報了歷史系。

　　我性格比較內向，不擅與人打交道，大學四年，一直是一個默默無聞的人，交往的同學不多，認識我的老師也很少。我比較喜歡看雜書，雜七雜八的書都會借來看，沒有中心，似乎也沒有什麼癖好。不過，現在想來，我的治學特點在那時已有所反映，我比較喜歡考據性

的課，比如那時候開的古文字、考古學通論、歷史文選等課，都是我喜歡的。但是凡理論性稍強的課，我的成績就不好，無論如何就是記不住，也理解不了。也就是因為這個原因，我最喜歡給我們講「歷史文選」的魏得良老師。魏老師寡言少語，上課認真，一字一句地講解，這是我最喜歡聽的課。到撰寫本科畢業論文時，我就報了史學史方向，希望能由魏老師指導。但天不從人願，系裡指定的指導老師並非魏老師。大概是欽定的老師不認識我，而我又不是什麼可造之才，欲求其門而不得，只能靠自己了。我定的題目是《論陸游的史學思想》，我人生的第一篇「論文」，是自己定題目，自己找資料，自己一字一句地寫。為了寫這篇文章，在學校圖書館、系資料室泡了近半年，把陸游的《南唐書》、《劍南詩稿》、《渭南文集》、《老學庵筆記》等作品翻了好幾遍，摘了數百張卡片，寫出了一篇八千多字的論文。論文完成後，我的本科四年生涯也就結束了。

　　大三時，打算考研，我首先就去找魏老師，想考他「中國史學史」方向的研究生。很可惜，史學史專業兩年一招，我報考的這一年輪空，這樣就失去了繼續做魏老師的學生的機會。正當我考慮考研的去向時，與我同宿舍的八十級學長周崇堅建議我報考本校古籍研究所，他給我講了報考古籍所的兩大好處，一是古籍研究所一屆招十人，名額多；二是學制兩年，可以早畢業，早就業。於是我就選擇了報考古籍研究所。其實古籍所是屬於中文專業的，對一個歷史系的學生來說，考古籍所比較吃力。由此我也花了大量的時間去旁聽中文系的課程，找中文系的書來讀，運氣好我考上了，成為了古籍研究所一九八五級研究生。

　　當時古籍研究所招的是「研究生班」，學制兩年，碩士論文則到畢業以後在工作單位再寫，論文完成後回到原本求學的學校去答辯。在

讀時並不像三年制研究生那樣有明確的導師指導，而是由研究所集體指導。由於沒有指導老師，加上自己未進學術之門，不知道該做什麼，也沒有想到應該拜入一位老師門下求學。所以這兩年的研究生生涯，與同宿舍的幾位室友結成了牌友、麻友、影友（大家都是研究生班的）。平時，翻翻雜書，《史記》、《漢書》、《詩經》、《禮記》、段注《說文》等，什麼書都拿來看，雜七雜八地看，看到看不下去時，就換一本來看，殺了不少的書頭。

兩年的時間過得很快，轉眼就要畢業了，但我還不知道碩士論文要寫什麼。我就向上一屆的學長楊自強請教（當時在寧波大學工作），他建議我寫「敦煌學」的論文，說這個做起來比較方便，只要找一個別人沒有研究過的寫卷，校勘一下即可。呵呵！此即所謂初生牛犢不怕虎也。我問他敦煌學研究要找誰指導？他說找張金泉老師，他是做敦煌學研究的，於是我便去找張老師。張老師把我帶到資料室裡，從書架中拎出一捆複印材料，據他說這是從北京圖書館（今國家圖書館）複印來的一批資料，讓我在裡面找自己感興趣的寫卷。我翻一翻，裡面沒有一個東西是我碰到過的。我是個從來沒有跟學術研究有過任何接觸的學生，根本不知道現在學術界在做什麼事情，什麼東西是需要做的，我什麼都不知道。後來翻到一個《劉子》，我看到這個是子部的，之前我經史子集的書雜七雜八地也看了不少，而且看看這個也還有好幾張紙，我就說我先拿回去試試。接著就去資料室查王重民的《敦煌遺書總目索引》，看總共有幾個寫卷，然後又查關於《劉子》有什麼書。在資料室找到林其錟、陳鳳金寫的《劉子集校》（《劉子集校》也收了敦煌卷子），我就借回去跟敦煌《劉子》殘卷核對。核對了以後發現，《劉子集校》的校勘記中沒有什麼考證，我就跟張老師說我就做這個。這就是我做敦煌學的開始。

　　一九八七年七月，我從古籍研究所畢業，到杭州師範學院（今杭州師範大學）中文系工作，第一學期沒有安排我上課。我跟系主任張學誠教授説，我現在正準備做碩士論文，可能要到處跑、到處查資料，請別安排我太多的工作。其實系裡對新進教師大都安排當班主任，但系主任非常好，就沒安排我其他的工作，這半年就專心寫論文。

　　《劉子》一書傳世有很多版本，林其錟、陳鳳金伉儷所撰《劉子集校》廣搜諸本，博採異同，匯錄了自宋至清的三十三種傳世刻本與前人批校本，也收入了四種敦煌寫卷，在《劉子》版本異文的匯錄上，可謂空前。但該書的重點是匯錄異文，並非校勘，大多數校語是過錄前人研究成果。我在看了《劉子集校》後，覺得作者誤考、失考者不少，仍有進一步研究的旨趣。於是打算以敦煌寫卷為底本，匯校各種傳世刻本，以補其缺漏，正其失誤。我首先想到的是根據《劉子集校》所使用版本的信息去核查這些版本。查閱圖書館的線裝古籍，當然是遵循一個先近後遠的原則。於是我先查閱了杭州大學圖書館、浙江省圖書館的藏書，因為我畢業於杭州大學古籍所，當時又在杭州師範學院中文系任教，在這兩個圖書館查書，還是比較順利的。接下來要去參訪的當然是離杭州最近的全國第二大圖書館——上海圖書館。説到這裡，我要特別感謝當時的中文系系主任張學誠教授，當我向他請假，表示要去上海查書的時候，他不僅准假，還特批經費，支持我的這次訪書之行。

　　兩天的上海訪書之行，獲准閱覽了以下這些書：明萬曆六年吉藩崇德書院刊《二十家子書》本《劉子》，明刊《合刻五家言》鍾惺評《德言》，明歸有光輯《諸子匯函》中之《石匏子》、《雲門子》，清光緒二十三年（1897）李寶洤纂《諸子文粹》本《劉子》。但幾種善本卻沒有能夠見到。因為有了上海之行的遭遇，我就不再去其他圖書館查閱版

本，放棄了原先打算核查所有版本的想法。最後我的碩士論文是將十六種傳世刻本與敦煌寫本相對勘，這與《劉子集校》的三十三種相比，是嚴重不足的。但我的論文，重點不在於各種版本的異文羅列，而在於通過對異文的考辨，還《劉子》之原貌，合劉子之本意。現在想來，當時去重新對勘《劉子集校》收錄的各種版本純粹是多餘的工作，如果直接根據《劉子集校》提供的異文對《劉子》一書的異文進行校證，而不是僅僅校勘敦煌寫本《劉子》，做出來的論文將會更豐滿、更優秀。這樣，一方面《劉子集校》所做的工作得到充分的肯定與吸納，同時也節省了很多時間與精力。當然這樣的結果，我與敦煌學的緣分也就極有可能擦肩而過，不會有這一本《敦煌經學文獻論稿》了。

當時，教育部有個規定，未參加過工作的剛畢業的研究生必須到地方上鍛鍊一年。本來按規定剛到杭州師範學院工作時就要去的，但我跟學校要求先讓我寫論文，第二年再去。所以我推遲半年，在一九八八年春季到了浙江淳安縣的唐村中學支教一年。唐村中學在很偏僻的深山裡，交通非常不便，如果去縣城排嶺鎮（今千島湖鎮）是沒辦法當天往返的。這一年裡我就帶了一些書去讀，主要是《十三經注疏》、《諸子集成》兩部書，有空時我就一本一本地看。因為《劉子》這書有個特點，它裡面有大量的典故，這些典故須從先秦兩漢的著作中去找。我就把群經及諸子一本一本地讀。凡看到書裡面有文句或語詞與《劉子》相關，我就把它添注在《劉子》那句話的旁邊。就這樣，我利用半年的時間，把帶去的書都翻閱了一遍，並完成初稿，暑假回杭後整理修改，完成了碩士論文。一九八八年九月，我回古籍研究所答辯，獲得了碩士學位。當然，答辯結束，我又回到唐村中學教書去了，直到一九八九年一月支教結束回杭。接下來就是按部就班地教書、看書，也常去古籍所辦公室轉轉，順便看看老師聊聊天。有一

天，周啟成老師說他要申報一個課題，問我要不要參加？那時他打算
要做的是嚴可均《全上古三代秦漢三國六朝文》的補編，他說我是做
敦煌學的，認識俗字，比較適合做碑刻部分。於是我就開始收集資
料，把一些與考古相關的書跟雜誌都找來讀，並抄錄與金石相關的資
料。大概準備了一年多，周老師跟我說這個課題因為某些原因不再申
報。我參加的第一個課題就這樣還沒正式開始就結束了。

　　後來有一次與張金泉老師聊天，談起現在沒事做。他說他們正在
做一個省社聯的課題，叫「敦煌音義研究」，如果我願意的話，也可以
參加進來。我想反正我沒事幹，不管是什麼事我都做，有事做總比沒
事做好。於是我又做敦煌學的題目了。當時首先分配給我的任務是普
查敦煌寫卷，把所有有注音的寫卷編一個目錄，我把古籍所資料室所
藏的敦煌縮微膠卷全部過了一遍，編出了一個目錄初稿。又與張金泉
老師一道，到浙江圖書館把《敦煌寶藏》過了一遍，補充缺漏。之後
由我承擔其中經、史、子三部分音義的整理工作。課題組的其他兩位
老師後來陸續退出，只剩下張老師與我兩人，最後的成果就是一九九
八年十二月由杭州大學出版社出版的《敦煌音義匯考》。

　　大概是一九九七年吧，張湧泉、黃征提出了編寫「敦煌文獻合集」
的設想，也找我參加。因為我在撰寫碩士論文時，已瀏覽過不少經、
子兩部的文獻，加上做《敦煌音義匯考》時，重點也是在經部與子部。
所以當時的分工是讓我做經、子兩部。首先上馬的是經部，我承擔其
中群經部分及四部書音義的整理工作。這可算是我正式從事經學文獻
研究的開始。為做這項工作，我首先花了半年多時間將十三經的經文
與注文整理出一個 word 文本，便於檢索與使用；前前後後大約費時一
年半，將敦煌文獻中的經部寫卷全部錄入電腦。同時，大量翻閱清人
著作，把《清經解》與《清經解續編》幾乎過了一遍，還讀了不少清

人的學術筆記。至於前人的關於敦煌經部文獻的研究成果，更是不遺餘力地收集。最後的成果就是二〇〇八年由中華書局出版的六百萬字的《敦煌經部文獻合集》（十一冊），我撰寫的是其中五冊（1-4、9），大概有二百五十萬字。

　　在做「敦煌音義」及「經部文獻合集」這兩個項目的過程中，我也陸陸續續寫了一些論文發表，其中部分結集成《敦煌文獻叢考》，收入《浙江大學古籍研究所中國古典文獻學研究叢書》，於二〇〇五年十二月在中華書局出版。

　　二〇〇五年五月，得到鄭炳林老師的鼎力相助，我獲得蘭州大學同等學力人員申請博士學位的資格，拜入鄭老師門下，攻讀博士學位。二〇〇六年六月，以《敦煌經籍敘錄》作為博士論文提交答辯，獲得了博士學位。《敦煌經籍敘錄》以對每件敦煌經籍寫卷撰寫敘錄的形式，將有關定名、斷代、綴合、辨偽、研究進展等相關內容集中考察，對經籍寫卷作了一次徹底的清理。除「緒論」外，分《周易》、《尚書》、《詩經》、《禮記》、《左傳》、《穀梁傳》、《論語》、《孝經》、《爾雅》等九卷，而將土地廟遺書、只有片言隻語的雜寫、非敦煌寫本誤以為敦煌寫本者、非經部寫本誤以為經部寫本者、偽卷等一併附於「存目」。每卷首有總述，下分若干小類，每類下標列各寫卷，並逐卷寫出敘錄。該論文於九月在中華書局以同名出版。該書出版後，得到敦煌學界與經學界的一些讚揚。《敦煌學輯刊》（2007 年第 1 期）、《敦煌研究》（2007 年第 3 期）、《敦煌吐魯番研究》第十一卷（中華書局，2009年 5 月）等刊物發表了書評，認為該書是「敦煌文獻整理研究中難得的集成性著作」，「迄今為止收錄敦煌經籍寫卷最多、最全、最豐富的一部學術著作」，「本書的問世，必將進一步促進經學（尤其是敦煌經學）研究的繁榮」。張湧泉教授在《敦煌文獻整理百年行與思》（《光明日報》

2009 年 2 月 19 日第 10 版）一文中，稱讚該書「收錄全備，論述詳贍，為敦煌文獻專題目錄的撰作樹立了榜樣」。

在《敦煌經部文獻合集》完稿後，對敦煌子部文獻的整理提上了議事日程，由我負責整理敦煌子部文獻。《敦煌子部文獻匯輯集校》作為教育部人文社會科學重點研究基地浙江大學漢語史研究中心二〇〇七年度重大項目，獲得了教育部以及浙江大學「211 工程」三期、浙江省社科聯的經費資助。本項目計劃對藏經洞出土的兩千多號子部文獻進行定名、綴合、錄文，撰寫考釋詳盡的校勘記，並為每一個校錄文本撰寫一篇題解，簡要說明底本和參校本、原件完缺情況、定名依據、著作或抄寫年代的判斷、內容簡介、文獻存佚情況和前人的著錄研究情況，以對一百年來敦煌子部文獻整理研究的成果作一次徹底的清理。經過課題組成員八年的艱辛努力，項目已基本完成，進人了統稿排版階段。

《敦煌經部文獻合集》收錄的是敦煌文獻，所以在撰寫過程中，凡是能明確為吐魯番文獻者，皆摒除在外。但吐魯番文獻中的儒家經籍寫卷也有八十多件，包括《尚書》、《詩經》、《禮記》、《春秋左氏傳》、《論語》、《孝經》、《爾雅》共七經，對考察中古時期吐魯番地區與中原的文化交流狀況以及中原文化對它的影響，具有重要價值。所以在二〇一〇年向高校古籍整理研究工作委員會申報了《吐魯番出土儒家經籍輯考》項目，獲得立項；浙江大學漢語史研究中心又將本項目列人「漢語史中心『十二五』科研項目」予以資助。二〇一六年人選《「十三五」國家重點圖書、音像、電子出版物出版規劃》，即將交浙江大學出版社出版。

在一九九七年杭州敦煌飯店召開「敦煌學國際學術研討會」前，除了本校的老師以外，我跟學術界沒有任何聯絡。在這次會議上，有

幸認識了敦煌學界的很多中堅人物，在他們的幫助下，逐漸走出校門，與外界有了接觸，並結識了更多的學者，不僅得到他們在資料上的無私幫助，也使我在學問上獲得了很多教益。我能有現在的一點小小成績，跟他們的幫助是分不開的。

# 敦煌經籍寫卷的學術價值

經學是中國傳統文化的根柢之學,要研究中國傳統文化,探尋古代學術思想的淵源,就不能不研究經學。經學的研究,到清代的乾嘉時期,達到了頂峰,傳統文獻中的材料幾為蒐羅殆盡。可以說,如果沒有新材料的發現,在經學研究特別是經學考據學的研究上,幾乎沒有超越清儒的可能性。所幸地不愛寶,一九〇〇年,在中國甘肅敦煌莫高窟第 17 窟藏經洞出土了五萬多卷南北朝至宋初的珍貴文獻,其中經籍寫卷有三百多件,這是出土文獻中儒家經典的一次最大宗的發現。

一

敦煌遺書中的儒家經籍共九經:《周易》、《尚書》、《詩經》、《禮

記》、《春秋左氏傳》、《春秋穀梁傳》、《論語》、《孝經》、《爾雅》[1]，多為六朝及唐五代抄本，在經學史上占有極其重要的地位，對於中國傳統經學的研究具有重要的學術價值。

### （一）輯佚價值

儒家經籍是中國傳統文化的核心，歷代為之注釋之書極為龐雜，朱彝尊《經義考》著錄八千四百多種，但其中有大量的有目無文的亡佚之書。清代輯佚之學大盛，黃奭《漢魏遺書鈔》、馬國翰《玉函山房輯佚書》、黃奭《漢學堂叢書》、王仁俊《玉函山房輯佚書續編》等廣蒐博採，輯集了大量的古佚書，其中經部佚書即有四百多種。藏經洞寫卷則為清末以前學者所不見，是輯錄經部佚籍之又一資料寶庫。

敦煌經籍的輯佚價值可從三個方面來談。

#### 1. 可補歷代書志目錄之闕載

敦煌經部寫卷中有從未見於歷代書志目錄記載的佚籍。如 P.3306V 號寫卷，首題「月令節義一卷」六字，但歷代書目未見記載。考其內容，乃是對李林甫注釋的《御刊定禮記月令》所作的注。又如 P.4905＋P.2535 寫卷尾題「春秋穀梁經傳解釋僖公上第五」，乃《春秋穀梁經傳解釋》之殘存者，然此名不見於歷代書目之著錄，是亦久佚之典籍也。

#### 2. 新增許多無名佚籍

敦煌經部寫卷中尚有很多未標書名與作者的寫卷，由於未標書名，因而我們不能肯定它們是否見載於歷代書志目錄，但它們是我們從未見到過的佚籍，這是毫無疑問的。如 S.2729B ＋ 取 Дx.01366《毛詩

---

1　敦煌儒家經籍為何僅存此九經，而無《周禮》、《儀禮》、《公羊傳》、《孟子》四經，迄今未有一明確之結論。陳鐵凡《三近堂讀經箚記》對此曾有所推測（《敦煌學》第 1 輯，香港新亞研究所敦煌學會 1974 年版，第 108-109 頁），然難以服眾。

音》、P.3383《毛詩音》、S.2053VA《禮記音》、BD10610（L0739）+BD09521（殷42）《論語鄭注音義》皆為六朝佚籍；S.6177+P.3378《孝經注》及 P.3382《孝經注》寫卷雖然不能考知作者名氏，但據其內容乃講說《孝經》之講經文，則極有可能是唐朝時期的作品。

### 3. 可補以往輯佚書之闕漏

由於自然或人為的原因，中國古代有大量的圖書未能保存下來，有的片言不存，有的則零星散見於群籍之引用。為了存亡繼絕或學術研究的需要，就有必要對亡佚之書進行輯佚，以儘可能地恢復原貌。自宋至清，經過學者們近一千年的努力，取得了不少的成果。但由於材料零散且不成系統，離恢復原貌還有很大的距離，還需要更廣泛地蒐集材料，尤其需要關注出土文獻中的新材料。敦煌經籍寫卷中即有不少可以補前代輯佚書之闕漏者。

如鄭玄《孝經注》，亡佚於五代，清人多有輯佚[2]，然皆斷片零簡，不成系統。敦煌寫卷 P.3428+P.2674 號是鄭注《孝經》的最長卷，雖非完璧，但所存已占鄭注的四分之三，據此可以使我們看到比較完整的鄭玄《孝經注》。經過林秀一《敦煌遺書孝經鄭注復原に関する研究》[3]及陳鐵凡《孝經鄭注校證》的輯證，鄭玄《孝經注》的絕大部分已得到復原。

又如李林甫奉敕所撰《御刊定禮記月令》，雖然《月令》經文保存在《唐石經》中，但李林甫之注今已亡佚，清有茆泮林《唐月令注》、《唐月令注補遺》及黃奭《唐明皇月令注解》之輯本，但遠未詳備，而 S.621 號正是《御刊定禮記月令》殘卷，其所存之李注即可補其缺而正

---

2　臧庸《孝經鄭氏解》、黃奭《孝經解》、嚴可均《孝經鄭注》、陳鱣《孝經鄭注》等。

3　〔日〕林秀一：《孝經學論集》，明治書院 1976 年版，第 65-108 頁。

其誤。

　　又敦煌音義寫卷中往往引用前代典籍之文，所引雖為單文隻句，然亦可補以往輯佚書之闕。如 P.3383《毛詩音》第七行「娍」條引孫炎《爾雅注》「凡相偶為娍」句，馬國翰《玉函山房輯佚書》及王仁俊《玉函山房輯佚書續編》所輯孫炎《爾雅注》均無此條。

　　又如 P.2729《毛詩音》第一百二十五行「閒閒」條云：「下艱，徐音賢。」《經典釋文》云：「閒閒，音閑，本亦作閑，往來無別貌。」[4] 未引徐邈音，馬國翰《玉函山房輯佚書》所輯徐邈《毛詩音》亦無此條。

### （二）校勘價值

　　敦煌經籍寫本多為六朝及唐代抄本，其時代遠較人所共珍的宋元善本為早，去古未遠，故存古較多，其中多有可證後世刻本訛誤衍脫者。

#### 1. 可糾傳世刻本之誤改

　　如《周易・既濟・六二》爻辭「婦喪其茀，勿逐，七日得」王弼注：「然居初、三之間，而近不相得，上不承三，下不比初。」[5]「而近不相得」，P.3872 作「近而不相得」。林平和云：「伯三八七二號卷『而近』誤倒作『近而』。」[6]案：林說誤。二陰爻，處於初、三兩陽爻之間，雖近而不能相助，故云「近而不相得」。因而王弼於下申釋之云：「夫以光盛之陰，處於二陽之間，近而不相得，能無見侵乎？」作「而近」

---

4　（唐）陸德明：《經典釋文》卷五《毛詩音義上・齊雞鳴第八・十畝之閒》「閒閒」條，中華書局 1983 年版，第 67 頁。

5　（魏）王弼、（晉）韓康伯注，（唐）孔穎達疏：《周易正義》卷六《既濟卦》，《十三經注疏》本，藝文印書館 2001 年版，第 136 頁。

6　林平和：《敦煌伯二六一九、三八七二號唐寫本〈周易王弼注〉殘卷書後》，載《人文學報》第 11 期，1993 年 6 月。

於義不順。

又如《穀梁傳・莊公二十年》：「冬，齊人伐我。」[7]此為《春秋經》文，《左傳》與《公羊傳》「我」字均作「戎」[8]。趙坦《春秋異文箋》曰：「戎、我字相類，《穀梁》作『伐我』，或因十九年『冬，齊人、宋人、陳人伐我西鄙』而譌。」[9]鍾文烝《春秋穀梁經傳補注》曰：「『我』當作『戎』。《穀梁》與《左氏》、《公羊》本同字，蓋轉寫誤也。哀以前皆書四鄙，不應此獨直文。《傳》於上年發書『鄙』義，不應於此無《傳》，知必是誤字矣。」[10]P.2536《春秋穀梁傳集解》第十四行作「齊人伐戎」，正與《左傳》、《公羊傳》同。可知傳本作「我」者，形近而誤也。

2. 可證傳世刻本之誤衍

如《尚書・高宗肜日》：「惟天監下民，典厥義，降年有永有不永。」[11]P.2643、P.2516無「民」字。吳福熙謂P.2643「『下』下脫『民』字，伯二五一六號亦脫」[12]。臧克和云：「敦煌本伯2516經文作『惟天監下』，從該本下面所出傳文作『言天視下民』，《書古文訓》、《唐石

---

7　（晉）范甯集解、（唐）楊士勛疏：《春秋穀梁傳注疏》卷六《莊公二十年》，《十三經注疏》本，藝文印書館2001年版，第57頁。

8　（周）左丘明傳、（晉）杜預集解、（唐）孔穎達疏：《春秋左傳正義》卷九《莊公二十年》，《十三經注疏》本，藝文印書館2001年版，第161頁；（東漢）何休解詁、（唐）徐彥疏：《春秋公羊傳注疏》卷八《莊公二十年》，《十三經注疏》本，藝文印書館2001年版，第98頁。

9　（清）趙坦：《春秋異文箋》，《清經解》第7冊，上海書店1988年版，第470頁。

10　（清）鍾文烝撰，駢宇騫、郝淑慧點校：《春秋穀梁經傳補注》卷七《莊公閔公第三之三》，中華書局1996年版，第193頁。

11　偽（漢）孔安國傳、（唐）孔穎達疏：《尚書正義》卷十《高宗肜日》，《十三經注疏》本，藝文印書館2001年版，第143頁。

12　吳福熙：《敦煌殘卷古文尚書校注》，甘肅人民出版社1992年版，第128頁。

經》皆有『民』字情況來看，該本殆脫寫一『民』字。但敦煌本伯2643亦作『惟天監下』，是利本[13]、內野本等諸寫本亦同，均無『民』字。按金文尚未見『下民』一詞的詞例。」[14]模棱其語，未能決斷。陳鐵凡云：「疑本無『民』字，後世據傳增補。『天監下』殆即《詩・大明》『天監在下，有命既集』、《蒸民》『天監有周，照臨下土』之誼也。」[15]則懷疑「民」為衍文。案陳氏所疑是也。《史記・殷本紀》云：「祖己乃訓王曰：『唯天監下典厥義，降年有永有不永。』」[16]是司馬遷所見《尚書》無「民」字，與兩敦煌本同。又日本古寫本岩崎本、內野本、元亨本、足利本亦均無「民」字[17]。《唐石經》「民」字，應是據偽孔《傳》「言天視下民」句而添。因《史記》無「民」字，王先謙遂謂有「民」者古文《尚書》，無「民」者今文《尚書》[18]，誤也，古文《尚書》與今文《尚書》同，均無「民」字。

又如《詩・小雅・采芑》「薄言采芑，於彼新田，於此菑畝」毛傳：「田一歲曰菑，二歲曰新田，三歲曰畬。」[19]《爾雅・釋地》云：「田

---

13　「是利本」乃「足利本」之誤。

14　臧克和：《〈今文尚書〉校詁札記二則》，見四川大學漢語史研究所編《漢語史研究集刊》第3輯，巴蜀書社2000年版，第134頁。

15　陳鐵凡：《敦煌本商書校證》，臺北長期發展科學委員會1965年版，第68頁。

16　（漢）司馬遷撰，（南朝宋）裴駰集解，（唐）司馬貞索隱，（唐）張守節正義：《史記》卷三《殷本紀第三》，中華書局點校本1959年版，第103頁。

17　顧頡剛、顧廷龍輯：《尚書文字合編》，上海古籍出版社1996年版，第1188、1191、1194、1196頁。

18　（清）王先謙：《尚書孔傳參正》卷十二《高宗肜日》，《四部要籍注疏叢刊》本，中華書局1998年版，第2661頁。

19　（漢）毛亨傳、鄭玄箋，（唐）孔穎達疏：《毛詩正義》卷十之二《小雅・采芑》，《十三經注疏》本，藝文印書館2001年版，第360頁。

一歲曰菑，二歲曰新田，三歲曰畬。」[20]與此同。然《詩・周頌・臣工》「亦又何求？如何新畬」毛傳云：「田二歲曰新，三歲曰畬。」[21]「新」下無「田」字。陳奐云：「《六書故》『畬』下引《爾雅》作『二歲曰新』，無『田』字，與此傳同。今《爾雅》『新』下衍『田』字。」[22]案陳說是也。此修辭學上為承上省之格式，「田」字已見於上，後均可省略。P.2506《毛詩傳箋》第五十三行「新」下無「田」字，是《采芑》毛傳與《臣工》毛傳同，「新」下亦無「田」字，今本有者，後人據誤本《爾雅》增也[23]。

### 3. 可補傳世刻本之脫文

如《詩經・豳風・破斧》「既破我斧，又缺我斨」毛傳：「隋銎曰斧。」[24]阮元《毛詩校勘記》云：

案考文古本下有「方銎曰斨」四字，非也。此與《七月》傳「斨，方銎也」互文見義。《七月》正義云：「《破斧傳》云：『隋銎曰斧，方銎曰斨。』然則斨即斧也。」各本皆同，其實誤也。當作「然則方銎曰斨，斨即斧也」。因「方銎曰斨」與所引《破斧傳》云「隋銎曰斧」有似對文，乃誤屬「然則」二字於「斨即斧也」之首耳。此經「又缺我斨」，《釋文》「斨」下云：「《說文》云：『方銎，斧也』。」浦鏜校彼《正

---

20　（晉）郭璞注，（宋）邢昺疏：《爾雅注疏》卷七《釋地第九》，《十三經注疏》本，藝文印書館 2001 年版，第 113 頁。

21　《毛詩正義》卷十九之二《周頌・臣工》，第 723 頁。

22　（清）陳奐：《詩毛氏傳疏》卷二十七《臣工之什詁訓傳・臣工》，北京市中國書店 1984 年版，第 2A 頁。

23　《爾雅》「田」字當涉郭注引《詩》「於彼新田」而衍，P.2661 +P.3735《爾雅注》已衍「田」字。

24　《毛詩正義》卷八之三《豳風・破斧》，第 300 頁。

義》，以為觀《音義》則《傳》本無此四字，非脫也。其說當矣。特未悟彼《正義》亦本不引此傳「方銎曰斨」也，考文古本正采彼《正義》而致誤。[25]

　　陳奐《詩毛氏傳疏》則云：

　　《七月》正義據此《傳》，「隋銎曰斧」下當有「方銎曰斨」四字，「斨，方銎」已見《七月》，此重釋之者，欲借斧斨以設喻，《傳》固有此例耳。[26]

　　S.1442、S.2049 兩敦煌《毛詩傳箋》本「隋銎曰斧」下有「方銎曰斨」四字，因而潘重規云：

　　《校勘記》之說非也。《正義》引《破斧傳》作「隋銎曰斧，方銎曰斨」，各本皆然，不得妄改以就臆說。考文古本正據舊本之文，此卷及斯二〇四九卷此傳皆有「方銎曰斨」之文，尤為明證。考文古本固非采《七月》正義添綴此傳，此二卷子尤非采《七月》正義而致誤也。[27]

傳刻本毛《傳》「隋銎曰斧」下脫落「方銎曰斨」四字，經過陳、潘二氏考證，應該可以定讞了。

---

25　（清）阮元：《毛詩校勘記》，《清經解》第 5 冊，上海書店 1988 年版，第 386 頁。
26　《詩毛氏傳疏》卷十五《豳七月詁訓傳・破斧》，第 238 頁。
27　潘重規：《巴黎倫敦所藏敦煌詩經卷子題記》，見《敦煌詩經卷子研究論文集》，香港新亞研究所 1970 年版，第 152-153 頁。

　　又如《左傳・僖公三十三年》：「秦伯素服郊次，鄉師而哭，曰：『孤違蹇叔以辱二三子，孤之罪也。不替孟明，孤之過也。大夫何罪？且吾不以一眚掩大德。』」[28]

　　王念孫考此事云：

　　「不替孟明」下有「曰」字，而今本脫之。「不替孟明」四字及「曰」字皆左氏記事之詞，自「孤之過也」以下方是穆公語。上文穆公鄉師而哭，既罪己而不罪人矣，於是不廢孟明而復用之，且謂之曰「孤之過也，大夫何罪」云云。「大夫」二字專指孟明而言，與上文統言「二三子」者不同。若如今本作「不替孟明，孤之過也」，則「不替孟明」亦是穆公語。穆公既以不替孟明為己過，則孟明不可復用矣。下文何以言「大夫何罪」，又言「不以一眚掩大德」乎？然則「不替孟明曰」五字，乃記者之詞；而「大夫何罪」云云，則穆公自言其所以不替孟明之故也。自《唐石經》始脫「曰」字，而各本遂沿其誤。《秦誓》正義引此無「曰」字，亦後人依誤本《左傳》刪之。《文選・西征賦》注云：「《左氏傳》曰：『秦伯不廢孟明，曰：孤之罪也。』」《白帖》五十九出「一眚」二字而釋之云：「孟明敗秦師，秦伯不替，曰：『吾不以一眚掩大德。』」二書所引文雖小異而皆有「曰」字，足正今本之誤。[29]

　　而俞樾則不贊成王念孫之說：

---

28　《春秋左傳正義》卷十七《僖公三十三年》，第290頁。

29　（清）王引之：《經義述聞》卷十七《春秋左傳上》「不替孟明孤之過也」條，江蘇古籍出版社2000年版，第416頁。

王氏解「不替孟明」句是也；謂今本脫「曰」字非也。自《唐石經》以來，各本皆無「曰」字，未可以意增加。蓋古人自有敘、論竝行之例，前後皆穆公語，中間著此「不替孟明」四字，竝未聞以他人之言，「孤違蹇叔」與「孤之罪也」，語出一口，讀之自明。原不必加「曰」字也。[30]

案：P.2509《春秋左氏經傳集解》有「曰」字，正與王念孫之説合。竹添光鴻《左氏會箋》所據古寫金澤文庫本亦有「曰」字，竹添氏箋語即承王念孫之説[31]。楊伯峻《春秋左傳注》據敦煌本與金澤文庫本補「曰」字[32]。兩寫本均有「曰」字，足證王念孫之説不可破。

### （三）文字學價值

漢語文字學包括古文字學和近代文字學兩個部分。敦煌出土隸古定《尚書》寫卷，對於古文字考釋和古文字學的研究具有重大的價值。關於這一點，徐在國《隸定古文疏證》一書已經做了很好的實踐，並取得了不小的成績，因而這裡不再贅述。在此只談談敦煌經籍寫卷所保存的字形資料對近代漢字研究的價值。

#### 1. 糾正字書錯誤的說解

由於多種原因，歷代字書中收錄了很多音義不全的疑難字，《漢語大字典》和《中華字海》從各種古代字書中彙集了大量的未被釋讀的疑難字，張湧泉《漢語俗字叢考》、楊寶忠《疑難字考釋與研究》已考

---

30　（清）俞樾：《古書疑義舉例》卷三《敘論竝行例》，《：古書疑義舉例五種》，中華書局 1956 年版，第 62 頁。

31　〔日〕竹添光鴻：《左氏會箋》僖公下第七《三十三年》，富山房 1978 年版，第 65 頁。

32　楊伯峻：《春秋左傳注》（修訂本），中華書局 1990 年版，第 500-501 頁。

釋出了其中數千字，成果極其豐碩。但仍有為數不少的疑難字未被識別，而敦煌經籍寫卷中則有不少材料可使我們據以釋讀某些疑難字。

　　如《龍龕手鏡·山部》：「朱，音木。」[33]《四聲篇海·山部》：「朱，古文，音木。」[34]《漢語大字典》即迻錄二書之言，亦無釋義[35]。《中華字海》云：「朱，音木，義未詳。見《龍龕》。」[36]是「朱」字最早見收於《龍龕手鏡》，而且有音無義。

　　案：《尚書·大禹謨》「不廢困窮」[37]，S.3111V4 第二行「困」作「朱」；《大禹謨》「四海困窮」[38]，S.801 第六行「困」作「朱」；《蔡仲之命》「終以困窮」[39]，S.2074 第十七行「困」作「朱」。皆與《龍龕手鏡》、《四聲篇海》之「朱」同形。然《盤庚中》「汝不憂朕心之攸困」[40]，P.3670 第三十七行「困」作「朱」，而 P.2643 第 52 行則作「朱」，其形不同。考《說文·口部》「困」篆下云：「※，古文困。」[41]「※」隸定即為「朱」。甲骨文「困」字作「止」下「木」[42]，與《說文》古文合。俗書山

33　（遼）釋行均：《龍龕手鏡》平聲卷一·《山部第五》，中華書局 1985 年版，第 78 頁。

34　（金）韓孝彥、韓道昭：《成化丁亥重刊改併五音類聚四聲篇海》卷一·二《審母第二十九山部第三》，《續修四庫全書》第 229 冊，上海古籍出版社 1995 年版，第 437 頁。

35　漢語大字典編輯委員會：《漢語大字典》（縮印本），湖北辭書出版社、四川辭書出版社 1992 年版，第 320 頁。

36　冷玉龍、韋一心主編：《中華字海》，中華書局、中國友誼出版公司 1994 年版，第 438 頁。

37　《尚書正義》卷四《大禹謨》，第 52 頁。

38　《尚書正義》卷四《大禹謨》，第 56 頁。

39　《尚書正義》卷十七《蔡仲之命》，第 254 頁。

40　《尚書正義》卷九《盤庚中》，第 131 頁。

41　（漢）許慎：《說文解字》六篇下《口部》，中華書局 1963 年版，第 129 頁。

42　李圃主編：《古文字詁林》第 6 冊，上海教育出版社 2003 年版，第 158 頁。

旁、止旁多互誤，如「峰」寫作「峯」[43]，「歲」寫作「歳」[44]，則「困」字古文應作「朱」，作「朱」者，當是形誤。《龍龕》以「木」音之，蓋讀半邊字也。《四聲篇海》承襲《龍龕》，其言「古文」，當是以意猜度，並非真有所據，否則必不以「木」音之也。

又如《龍龕手鏡・凵部》：「凶，音里。」[45]有音無義。《字彙補・凵部》：「龍以切，音里，義闕。」[46]《字彙補》即據《龍龕手鏡》著錄。《漢語大字典》則據《龍龕手鏡》與《字彙補》立目[47]。

案：《尚書・禹貢》「齒革羽毛惟木」[48]，P.3469《古文尚書傳》第十一行「齒」作「凶」。蔡主賓云：「由此可知『凶』乃『齒』之古文，音里者非也。」[49]陳鐵凡《敦煌本夏書斠證》、徐在國《隸定古文疏證》均認為「凶」是《説文》「齒」之古文「凶」的隸變[50]。諸家所言皆善。至於《龍龕》為何以「里」音之，楊寶忠對此有不錯的解釋：「『齒』字《廣韻》昌里切，《龍龕》『凶』字音里者，蓋反切上字脫落，後人轉錄，因改作『音里』。吳任臣不知『音里』乃『昌里反』脫誤，但據誤音而補作『龍以切』，以誤傳誤也。」[51]

---

43　秦公輯：《碑別字新編》，文物出版社 1985 年版，第 117 頁。

44　張湧泉：《敦煌俗字研究》下編，上海教育出版社 1996 年版，第 268 頁。

45　《龍龕手鏡》上聲卷二《凵部第五十三》，第 340 頁。

46　（清）吳任臣：《字彙補》子集《凵部》，《字彙字彙補》，上海辭書出版社 1991 年版，第 14 頁。

47　《漢語大字典》（縮印本），第 130 頁。

48　《尚書正義》卷六《禹貢》，第 82 頁。

49　蔡主賓：《敦煌寫本儒家經籍異文考》序，嘉新水泥公司文化基金會 1969 年版，第 4 頁。

50　陳鐵凡：《敦煌本夏書斠證》，《南洋大學中文學報》第 3 期，1965 年 2 月；徐在國：《隸定古文疏證》，安徽大學出版社 2002 年版，第 48 頁。

51　楊寶忠：《疑難字考釋與研究》，中華書局 2005 年版，第 65 頁。

### 2. 可據以分清字書混淆的同形字

宋元以後的許多字書，其材料來源不一，其中某些可能是直接抄自以前的各種字書或韻書，沒有經過仔細的考辨，因而把兩個形相同而音義均不同的字（即同形字）的相關解説抄撮在一處，從而造成混亂。敦煌經籍寫卷中的材料可以幫助我們辨別這些同形字。

如《龍龕手鏡・衤部》：「裋，音豆，祭裋；又音祥，緣也。」[52]其「音豆」當出自《切韻》系韻書[53]，而《集韻・候韻》「祭裋」則作「祭福」[54]，周祖謨即據以改《廣韻》「祭裋」為「祭福」[55]，乃以「裋」為「福」之誤字也。而「音祥，緣也」則不知所出。《漢語大字典》「裋」字條二義項即全錄《廣韻》和《龍龕手鏡》[56]。

案：S.2053VA《禮記音》第一百八十行有「裋」條，以直音「祥」釋之。寫卷「裋」前為「館」條[57]，後為「飧」條，「館」、「裋」、「飧」乃《禮記》鄭注引《詩・鄭風・緇衣》「適子之館兮，還，予授子之粲兮」句之文[58]。「飧」字不見於鄭注所引《緇衣》，然《詩・鄭風・緇

---

52 《龍龕手鏡》平聲卷一《衤部第十一》，第 112 頁。

53 （宋）陳彭年等：《宋本廣韻》卷四《去聲・五十候》小韻「田候切」下有「裋」字，義為「祭裋」（北京市中國書店 1982 年版，第 418 頁）。

54 （宋）丁度：《集韻》卷八《去聲下・五十候》，上海古籍出版社 1985 年版，第 619 頁。

55 周祖謨：《廣韻校本》下冊《廣韻校勘記》卷四《候韻》，中華書局 1960 年版，第 475 頁。

56 《漢語大字典》（縮印本），第 1003 頁。

57 S.2053VA「館」原誤作「䭒」，今據《禮記正義》改正（《十三經注疏》本，藝文印書館 2001 年版，第 927 頁）。

58 （漢）鄭玄注，（唐）孔穎達疏：《禮記正義》卷五十五《緇衣第三十三》，《十三經注疏》本，藝文印書館 2001 年版，第 927 頁。

衣》毛傳云：「粲，餐也。」[59]《釋文》「餐」作「飧」[60]。《禮記音》
以「飧」代「粲」者，乃是以傳改經也。據寫卷「袒」字條所處位置，
唯「適子之館兮，還」句之「還」可以當之，《釋文》：「還，音旋。」[61]
《禮記音》第一百零一行有「還」字條，以直音「袒」注之。此《祭儀》
「周還出戶」句文[62]，《釋文》：「還，音旋，本亦作旋。」[63]俗書方部與
礻部多混，如旅或作袘[64]，㧾或作桸[65]。那麼「袒」為「旋」之俗訛字
當無疑問。《禮記音》「袒」音「祥」，正與《龍龕手鏡》同，則《龍龕》
之「袒」當為「旋」之俗寫也。至於其「緣」之釋義，亦與「旋」字
合。慧琳《一切經音義》卷四十三《文殊師利法寶藏陀羅尼經》「旋環」
條注云：「上象緣反。……何休注公羊『遾也』。」[66]《荀子・議兵》「限
之以鄧林，緣之以方城」楊倞注：「緣，繞也。」[67]是「音豆，祭袒」
當單獨列為一條，「袒」乃「福」之誤字；而「又音祥，緣也」當別列
一條，「袒」乃「旋」之俗字。

　　又如《龍龕手鏡・肉部》：「肷，俗，伏、聿二音，正作欼，𦙞

---

59　《毛詩正義》卷四之二《鄭風・緇衣》，第 161 頁。

60　《經典釋文》卷五《毛詩音義上・鄭緇衣第七・緇衣》「飧」條，第 64 頁。

61　《經典釋文》卷十四《禮記音義之四・緇衣第三十三》「還予」條，第 211 頁。

62　《禮記正義》卷四十七《祭義第二十四》，第 807 頁。

63　《經典釋文》卷十三《禮記音義之三・祭義第二十四》「周還」條，第 203 頁。

64　張湧泉：《敦煌俗字研究》下編，第 361 頁。

65　楊寶忠：《疑難字考釋與研究》，第 527 頁。

66　（唐）慧琳：《一切經音義》卷四十三《文殊師利法寶藏陀羅尼經》，《正續一切經音
　　義》，上海古籍出版社 1986 年版，第 1685 頁。案：《公羊傳・莊公十年》「以地遾之
　　也」何休注：「遾，繞也。」（《春秋公羊傳注疏》卷七《莊公十年》，第 88 頁）旋、
　　遾古通，「遾」為「繞」之後起別體。

67　（戰國）荀況著，（唐）楊倞注：《荀子》卷十《議兵篇第十五》，上海古籍出版社
　　1989 年版，第 88 頁。

也。」[68]《日部》有「旲」字，云：「逸、聿二音，辤也。」[69]

案：《玉篇・肉部》：「朏，許律切，牛肉也。」[70]與伏、聿二音均不同。考《說文・欠部》云：「欥，詮詞也。」[71]《廣雅・釋詁》云：「欥，詞也。」[72]則《龍龕手鏡》所謂「朏」，當是「欥」之誤也。《漢書・敘傳・幽通賦》「欥中龢為庶幾兮，顏與冉又不得」顏注：「欥，古聿字也。」[73]《文選》卷十四班固《幽通賦》「欥」即作「聿」[74]。《龍龕》「聿」音之「朏」應是「欥」之誤字，因俗書從月從目從日之偏旁常混，故「欥」誤作「旲」，又誤作「朏」。以「聿」音「欥」，乃以借字音本字也。那麼「朏」之「伏」音又來自何處呢？敦煌經籍寫卷為我們提供了解決這一問題的材料。《尚書・盤庚上》「不昏作勞，不服田畝」[75]，S.11399《古文尚書傳》第三行「服」作「朏」；《尚書・說命中》「說乃言惟服」[76]，P.2516《古文尚書傳》第九十九行「服」作「朏」。《說文・舟部》：「服，用也。𦚤，古文服，從人。」[77]「𦚤」隸定作「𦚤」，故《廣韻・屋韻》云：「服……𦚤，古文。」[78]「服」隸變

---

68　《龍龕手鏡》人聲卷四《肉部第四》，第 416 頁。

69　《龍龕手鏡》人聲卷四《日部第六》，第 430 頁。

70　（南朝梁）顧野王撰，（宋）孫強重修：《宋本玉篇》卷七《肉部》，北京市中國書店 1983 年版，第 147 頁。

71　《說文解字》八篇下《欠部》，第 180 頁。

72　（清）王念孫：《廣雅疏證》卷四下《釋詁》，江蘇古籍出版社 1984 年版，第 124 頁。

73　（漢）班固撰，（唐）顏師古注：《漢書》卷一百上《敘傳第七十上》，中華書局點校本 1962 年版，第 4217 頁。

74　（南朝梁）蕭統編，（唐）李善注：《文選》卷十四《幽通賦》，中華書局 1977 年版，第 210 頁。

75　《尚書正義》卷九《盤庚上》，第 128 頁。

76　《尚書正義》卷十《說命中》，第 141 頁。

77　《說文解字》八篇下《舟部》，第 176 頁。

78　《宋本廣韻》卷五《人聲・一屋》，第 433 頁。

作「服」，故古文「𦨶」亦有作「𦨴」者，《集韻·屋韻》：「服，古作
𦨴。」[79]是也。寫卷之「𦨴」，當非「服」之古文，而是「服」之俗字「𦨱
」的訛變。《廣韻·屋韻》小韻「房六切」下收有伏、服二字[80]，是《龍
龕》讀「伏」音之「𦨴」乃「服」之俗字也。《龍龕》「𦨴」條當分為
兩條，一讀「伏」音，為「服」之俗字；一讀「聿」音，為「欥」之
訛字。

### 3. 為字書提供正確的用例

對於一部字書來說，為所釋單字舉出合適而正確的例證是非常必
要的，可以使讀者更容易地理解詞義。敦煌經籍寫卷中的材料可以補
充字書這方面的闕漏。

如《玉篇·貝部》：「𧹞，音協，財也。」[81]《篇海》、《字彙》皆
據之收入[82]。《漢語大字典》、《中華字海》亦據《玉篇》列「𧹞」為字
頭[83]。《正字通·貝部》云：「𧹞，俗字。舊注音協，財也，誤。」[84]然
未言為何字之俗寫。楊寶忠《疑難字考釋與研究》對此字作了詳細的
考辨，認為是「脅」之俗字，《玉篇》釋為「財」乃是陳彭年等據字形
而臆測[85]，其結論確鑿可信，但也沒有提供文獻用例。《尚書·胤征》：

79　《集韻》卷九《入聲上·一屋》，第 640 頁。

80　《宋本廣韻》卷五《入聲·一屋》，第 433 頁。

81　《宋本玉篇》卷二十五《貝部》，第 475 頁。

82　《成化丁亥重刊改併五音類聚四聲篇海》卷六《幫母第十三貝部第八》，第 351 頁；
　　（明）梅膺祚：《字彙》酉集《貝部》，《字彙　字彙補》，上海辭書出版社 1991 年版，
　　第 466 頁。

83　《漢語大字典》（縮印本），第 1516 頁；《中華字海》，第 1392 頁。

84　（明）張自烈、（清）廖文英編，董琨整理：《正字通》酉集中《貝部》，中國工人出
　　版社 1996 年版，第 1102 頁。

85　楊寶忠：《疑難字考釋與研究》，第 592—593 頁。

「脅從罔治。」[86] P.5557《古文尚書傳》第十六行「脅」寫作「叠」，即可作「叠」為「脅」之俗字的直接證據。

又如《龍龕手鏡・石部》：「硺，竹角反，擊也。」[87]《漢語大字典》即據《龍龕》立字頭[88]，沒有提供其他更多的信息。案《詩・小雅・常棣》「雖有兄弟，不如友生」鄭箋：「安寧之時，以禮義相琢磨，則友生急。」[89] S.2049《毛詩傳箋》第一百四十一行「琢」作「硺」。玉亦石類，石旁與玉旁可以換用，如「瑁」或寫作「磭」[90]，即其例。則「硺」當是「琢」之換旁俗字（「琢磨」習語，「琢」字或涉「磨」字類化換旁）。寫卷此例可以作為《漢語大字典》「硺」條的例證。

### 4. 填補俗字形成過程中缺失的環節

歷代字書收載了大量的俗字，但往往沒有相關的説明和考證，因而讀者無法從其著錄了解該字的正字是什麼，它是怎樣演變過來的。有的雖有正字、俗字還是古字的説明，但其結論卻是錯誤的，從而以訛傳訛，貽誤來者。敦煌經籍寫卷中的材料可以填補某些俗字演變過程中缺少的環節，搞清楚它們從正體到俗體的演變過程。

如《四聲篇海》：「舩，音服，衣也。」[91]《字彙補》仍之[92]。《漢語大字典・舟部》云：「舩，衣。《改併四聲篇海・舟部》引《川篇》：

---

86　《尚書正義》卷七《胤征》，第 104 頁。

87　《龍龕手鏡》入聲卷四《石部第九》，第 445 頁。

88　《漢語大字典》（縮印本），第 1018 頁。

89　《毛詩正義》卷九之二《小雅・常棣》，第 322 頁。

90　《宋本玉篇》卷一《玉部》，第 19 頁。

91　《成化丁亥重刊改併五音類聚四聲篇海》卷十一《照母第二十六舟部第一》，第 423 頁。

92　吳任臣：《字彙補》未集《舟部》，第 178 頁。

『舠，衣也。』」[93]是此字最早見收於金韓道昭之《四聲篇海》。雖然此字之形音義三項俱全，卻不知其來源。

　　案：P.3315《尚書釋文》第八十二行有「舠」，注云：「古文服字。」考《說文・舟部》：「服，用也。𦨶，古文服，從人。」[94]「舠」者，「𦨶」之變體，吳士鑑《唐寫本經典釋文校語》云：「《說文》『服』，古文從舟從人會意作𦨶，隸變作舠。」[95]「舠」應是從「𦨶」到「舠」訛變過程中的中間環節。

　　又如《集韻・陽韻》：「匚，古作凸。」[96]《漢語大字典》據《集韻》立字頭[97]。

　　案：《說文・匚部》：「匚，受物之器。讀若方。𠥓，籀文匚。」[98]段注：「依字，匚有渠形，固可叚作方也。」[99]方圓之「方」本字當作「匚」，方向之「方」則為引申義。「匚」字甲骨文作𠃊、𠃑、凵、𠃊、凵、匚[100]，金文作𠃊、刁[101]，無作「凸」者。查P.3315《尚書釋文》第十七行有「凸」字，注云：「古方字。」龔道耕云：「此即『匚』字行書之也。」[102]從字形看，「凸」實為「凸」字之楷定也。可以說，「凸」

---

93　《漢語大字典》（縮印本），第1273頁。

94　《說文解字》八篇下《舟部》，第176頁。

95　吳士鑑：《唐寫本經典釋文校語》下，見《涵芬樓秘笈》第4集，1917年，第24A頁。

96　《集韻》卷三《平聲三・十陽》，第212頁。

97　《漢語大字典》（縮印本），第21頁。

98　《說文解字》十二篇下《匚部》，第268頁。

99　（清）段玉裁：《說文解字注》十二篇下《匚部》，上海古籍出版社1981年版，第635頁。

100　李圃主編：《古文字詁林》第9冊，上海教育出版社2004年版，第1019-1020頁。

101　容庚：《金文編》，科學出版社1959年版，第660頁。

102　龔道耕：《唐寫殘本〈尚書釋文〉考證》，載《華西學報》第4期，1936年6月，第8頁。

即為「匚」字之俗訛。徐在國以為「匸」為「㘴」形之省變[103]，誤。又《尚書・大禹謨》「四方風動」[104]，薛季宣《書古文訓》「方」作「匸」[105]，「匸」亦「匚」字之楷定。李遇孫《尚書隸古定釋文》云：「古文《尚書》『方』皆作『匚』，此又『匚』字之古文也。」[106]臆測之辭耳。

## （四）音韻學價值

敦煌經籍類寫卷中的音韻材料對於音韻學研究的價值主要有以下三個方面。

### 1. 經籍音義寫卷是魏晉南北朝音研究的重要資料

魏晉南北朝是音韻蜂出的時期，當時流行為群籍注音，謝啟昆《小學考》著錄了這樣的音義書達七十種之多[107]，但除了陸德明的《經典釋文》外，沒有一種保存下來。這些音義書的內容零星散見於群籍之引用，雖然經過歷代輯佚家的艱苦工作，已經有了大量的輯佚本，但材料較少而且不成系統。因而六朝音的研究起步晚而成果少。可喜的是藏經洞寫本中，保存了大量的南北朝隋唐時期的音義寫卷，其中有不少是經籍類音義寫卷。

敦煌經籍寫卷中的音義殘卷中，S. 2729B +Дх.01366《毛詩音》、P.3383《毛詩音》、S.2053VA《禮記音》、BD10610（L0739）+ BD09521（殷42）《論語鄭注音義》四種是已佚失的南北朝時期的音義著作，雖然都是殘卷，但總計有近三千條的注音。特別是 S.2729B+Дх.01366《毛

---

103 徐在國：《隸定古文疏證》，第 261 頁。

104 《尚書正義》卷四《大禹謨》，第 55 頁。

105 （宋）薛季宣：《書古文訓》卷二《大禹謨》，康熙十九年《通志堂經解》本，第 4A 頁。

106 （清）李遇孫：《尚書隸古定釋文》卷三《大禹謨》，《續修四庫全書》第 48 冊，上海古籍出版社 1995 年版，第 52 頁。

107 據張世祿《中國音韻學史》（上海書店 1984 年版，上冊第 168 頁）的統計。

詩音》與 S.2053VA《禮記音》，注音條目均超過了一千條，可以運用與《廣韻》相比證的方法考定其音韻系統，這對於魏晉南北朝時期音系的研究，甚至對於中古方言的研究[108]，都具有重要的價值。

　　2. 經籍寫卷中的別字異文是研究唐五代西北方音的重要資料

　　　羅常培《唐五代西北方音》是第一部利用敦煌寫卷材料系統研究唐五代西北方音的著作，但所利用的敦煌材料有限，只有四種對音寫卷與一種注音本《開蒙要訓》。後來，邵榮芬《敦煌通俗文學中的別字異文和唐五代西北方音》一文利用變文、曲子詞中的別字異文來研究唐五代西北方音[109]，劉燕文的《從敦煌寫本〈字寶〉的注音看晚唐五代西北方音》據唐五代時期流行於敦煌一帶的字書——《字寶》的注音進行研究[110]，洪藝芳《唐五代西北方音研究——以敦煌通俗韻文為主》運用變文、曲子詞、俗賦、通俗詩四大類寫卷中的押韻、別字異文材料對唐五代西北方音作了更全面的探討[111]，均取得了不小的成就。但所有關於唐五代西北方音的研究論著中，還沒有一家使用敦煌經籍寫卷中的別字異文材料。

　　　敦煌經籍寫卷，特別是《論語》、《孝經》寫卷中大量的別字異文，是研究唐五代西北方音的重要資料。《論語》、《孝經》作為學子應試的必試科目，是童蒙初學的必讀之書，因而在敦煌經籍寫卷中，《論

---

108 〔日〕大島正二：《敦煌出土〈禮記音〉殘卷について》（《東方學》第 52 輯，1976年 7 月）考定 S.2053VA《禮記音》反映的語音系統是河南方音。

109 邵榮芬：《敦煌通俗文學中的別字異文和唐五代西北方音》，載《中國語文》1963 年第 3 期。

110 劉燕文：《從敦煌寫本〈字寶〉的注音看晚唐五代西北方音》，中國文物研究所編《出土文獻研究續集》，文物出版社 1989 年版，第 236-252 頁。

111 洪藝芳：《唐五代西北方音研究——以敦煌通俗韻文為主》，中國文化大學碩士論文，1995 年。

語》、《孝經》占了很大的分量，而且大多是陷蕃後及歸義軍時期的童蒙學子所抄，如散 0665《論語集解》殘卷為「大中五年五月一日學生陰惠達」所書，P.2681+P.2618《論語集解》殘卷為「乾符三年三月廿四日沙州敦煌縣歸義軍學士張喜進書記」，P.3783《論語》白文殘卷為「文德元年正月十三日敦煌郡學士張圓通書」，S.1386《孝經》白文寫卷為「天福柒年壬寅歲十二月十二日永安寺學仕郎高清子」所書，等等。這些學子所抄寫卷的別字異文，透露出典型的唐五代西北方音特色。如《論語·學而》「未若貧而樂，富而好禮者也」《集解》引鄭玄曰：「樂謂志於道，不以貧為憂苦。」[112]日本天理大學圖書館所藏敦煌寫本《論語集解》第三行「志」寫作「主」。案《廣韻》「主」音之庾切，照紐上聲麌韻；「志」音職吏切，照紐去聲志韻，遇攝讀同止攝，這是唐五代西北方音的特點。又如《孝經·喪親章》：「喪不過三年，示民有終也。」[113]P.3416《孝經》第九十四行「終」寫作「忠」。《廣韻》「終」音職戎切，照紐東韻；「忠」音陟弓切，知紐東韻。知系與照三系混用不分，也是唐五代西北方音的特點。經籍寫卷中的別字異文材料所反映出來的這些唐五代西北方音特點可以與羅常培、邵榮芬、洪藝芳的研究結果相印證。

經籍寫卷中的別字異文材料尚可以補充諸家材料之不足。

如《敦煌變文集·父母恩重經講經文》：「不會懷躭煞苦辛，豈知乳甫多疲倦。」[114]向達校「甫」為「哺」。甫，非紐字；哺，並紐字。

---

112 （魏）何晏集解，（宋）邢昺疏：《論語注疏》卷一《學而第一》，《十三經注疏》本，藝文印書館 2001 年版，第 8 頁。

113 （唐）李隆基注，（宋）邢昺疏：《孝經注疏》卷九《喪親章第十八》，《十三經注疏》本，藝文印書館 2001 年版，第 55 頁。

114 王重民、王慶菽等編：《敦煌變文集》，人民文學出版社 1957 年版，第 674 頁。

但邵榮芬認為這兩字形聲偏旁相同，不一定屬於通假意義上的別字異文，是不可靠的例子，因而將它歸入參考例中[115]。洪藝芳承用邵氏之說，也沒能提供另外的用例[116]。案《孝經・紀孝行章》：「為下而亂則刑，在醜而爭則兵。」[117] S.707《孝經》第八行「兵」寫作「並」。《廣韻》「兵」音甫明切，非紐庚韻；「並」音蒲迴切，並紐迴韻。這條例子正是並、非代用例，足可補邵、洪二文之缺。

又如：《論語・為政》「退而省其私，亦足以發，回也不愚」《集解》引孔安國曰：「察其退還與二三子說釋道義，發明大體，知其不愚。」[118] P.2604《論語集解》第二十二行「釋」寫作「識」。《廣韻》「釋」音施隻切，審紐昔韻；「識」音職吏切，照紐之韻。以「識」代「釋」，乃是以照代審。照三系五個聲紐之間的同用情況，洪藝芳列舉了神、審同用一例，神、禪同用三例[119]。本例可補其缺。

### 3. 《經典釋文》殘卷可以糾正傳本《釋文》的訛誤

陸德明《經典釋文》採集了漢、魏、六朝二百三十餘家音義、訓詁等著作的內容，這些著作中的音義著作已無一存世，因此，《經典釋文》保存的「唐以前諸經典中文字的音讀，為我們今天研究這一時期的聲音變遷提供了重要的資料」[120]。但自《釋文》成書，歷經唐、宋、元、明諸朝展轉傳抄翻刻及增刪改削，今本《釋文》已非當時舊貌。敦煌經籍類寫卷中有唐寫本《經典釋文》三種：S.5735 +P.2617《周易

---

115 邵榮芬：《敦煌通俗文學中的別字異文和唐五代西北方音》，載《中國語文》1963 年第 3 期。

116 洪藝芳：《唐五代西北方音研究──以敦煌通俗韻文為主》，第 17 頁。

117 《孝經注疏》卷六《紀孝經章第十》，第 42 頁。

118 《論語注疏》卷二《為政第二》，第 17 頁。

119 洪藝芳：《唐五代西北方音研究──以敦煌通俗韻文為主》，第 30 頁。

120 黃焯：《經典釋文彙校・前言》，中華書局 1980 年版，第 1 頁。

釋文》、P.3315《尚書釋文》、BD09523《禮記釋文》，不僅可補今本《釋文》脫漏的條目，而且多有可正今本《釋文》之訛誤者，這對於研究《經典釋文》音系具有極大的價值。

東晉梅頤所上偽《古文尚書》，沒有《舜典》篇，後人將王肅《尚書注》的《堯典》篇下半部割裂下來作為《舜典》補上，因而通行的偽《古文尚書》的《舜典》篇之注是王肅注，陸德明《尚書釋文》即是根據這個本子作的。到南朝齊明帝時，吳興姚方興偽造孔傳《舜典》，至隋時由劉炫奏上，取代王肅《舜典注》，收入《古文尚書》。至宋朝陳鄂刪定《尚書釋文》，所依據之本恰恰是姚方興偽造本，因而將姚本所無之條目悉行刪改，其中有注音之條目被刪者即達四十八條之多。今據 P.3315《尚書釋文》寫卷，可知《釋文·舜典篇》之原貌，可補今本《釋文》之缺。P.2617《周易釋文》則有四十九條為今本所無[121]，BD09523《禮記釋文》亦有可補今本之缺者一條[122]。

至於可正今本《釋文》訛誤之處者極夥，今從三個《釋文》寫卷中各抽取一例來說明。

《周易·鼎卦》釋文：「勁，古政反。」[123] P.2617《周易釋文》第一

---

121 第7行「上承」、10行「剛應」、17行「乘夫」、33行「於著」與「不重」、48行「不省」、54行「不造」、57行「畜己」、61行「猾」、64行「履夫」、69行「喪」、82行「受人」、89行「畜」、93行「不長」、109行「碩」、110行「得中」、122行「孚號」、149行「治曆」、165行「之勝」、171行「通夫」、173行「覆」、177行「不見」、182行「而當」、186行「令著」、192行「大號」、194行「制數」與「則嗟」、197行「勝」與「物校」、201行「上」、202行「烏離」、203行「之要」、207行「拔難」、216行「其分」、217行「往復」、220行「之差」、222行「之數」與「散」、225行「極數」、237行「覆」、242行「以斷」、253行「揉木」、269行「典要」、284行「燥」、304行「來觀」、305行「而著」、311行「非數」、318行「不說」、320行「以勝」。

122 第23行「以上」。

123 《經典釋文》卷二《周易音義·周易下經夬傳第五·鼎卦》「用勁」條，第28頁。

百五十四行「古政反」作「吉政反」。羅常培云：「『古』『吉』同屬見紐，但『古』為一二四等上字，『吉』為三等上字，以一二四等不與三等同切言，則寫本為正，今本或因形近訛省。」[124]

《尚書・舜典》釋文：「猾，戶八反。」[125] P.3315《尚書釋文》第八十七行「戶八反」作「于八反」。吳承仕云：「《潛夫論・志姓氏篇》引作『蠻夷滑夏』，與寫本同。今本作『猾』，當是衛包所改。于八反，『于』當為『乎』。《篇》、《韻》滑、猾字止有胡骨、戶八等切，無與『于八反』相應者，是其證。」[126]黃焯云：「《禮記・儒行》釋文：『壞己，乎怪反。』唐寫本亦作『于怪反』，蓋『于』字六朝以前讀入匣紐，與『乎』同聲，故以切滑、壞等字。唐宋以後『于』讀入喻紐，與匣紐隔類，後人覺其音之不合，遂改類隔為音和，故《篇》、《韻》滑、猾字止有胡骨、戶八等切也。吳氏謂『于』當作『乎』，殊未合。」[127]

《禮記・檀弓上》釋文：「衣，于既。」[128] BD09523《禮記釋文》第十四行「于既」作「於既」。吳承仕云：「毛居正並謂『于』應作『於』。承仕案：德明反語蓋與《切韻》大同，不應于、於同用。通校全書，若徐邈等所下反音，影喻諸紐閒有出入，至於德明，則不概見，且互譌者，僅有於、於二文，而伊、央、乙、烏、為、羽、云、有諸文蓋無互用之處，可證作『于』者為傳寫之譌。」[129]羅常培云：

---

124 羅常培：《唐寫本經典釋文殘卷四種跋》，《清華學報》第 13 卷第 2 期，1941 年 10 月。

125 《經典釋文》卷三《尚書音義上・舜典第二》「猾」條，第 38 頁。

126 吳承仕：《唐寫本尚書舜典釋文箋》，《華國月刊》第 2 卷第 4 冊，1925 年 2 月，第 7 頁。

127 黃焯：《經典釋文彙校》，第 30 頁。

128 《經典釋文》卷十一《禮記音義之一・檀弓第三》「衣以」條，第 170 頁。

129 吳承仕：《經籍舊音辨證》，中華書局 1986 年版，第 129 頁。

「『衣、於』屬影鈕，『于』屬喻鈕云類，作『於』為是。」[130]

以上諸例皆是對於考訂《釋文》音系具有極大關係者。

### （五）版本學價值

版本之稱，有狹義與廣義之別，廣義的版本「並不限於雕版印刷的書籍，而實際上包括沒有雕版以前的寫本和以後的鈔本、稿本在內」[131]。那麼敦煌寫卷的書寫格式當然也屬於版本學範疇。

敦煌經籍寫卷的版本學價值最值得注意的就是孔穎達《五經正義》原本的格式問題。

唐孔穎達撰《五經正義》，於高宗永徽四年頒行天下[132]。當時的《正義》，本皆單行，並不與經、注合書。錢大昕云：

> 唐人撰九經《疏》，本與《注》別行，故其分卷亦不與經注同。自宋以後刊本，欲省兩讀，合《注》與《疏》為一書，而《疏》之卷第遂不可考矣。[133]

但由於唐本《正義》不存於世，後人論《正義》之體裁，往往根據宋刻單疏本推論。或謂經、注均載全文；或謂釋經不標起止，釋注方標起止；或謂注文省略不錄，但有時錄全文；或謂標明經、注起

---

130　羅常培：《唐寫本經典釋文殘卷四種跋》，第 29 頁。

131　王欣夫：《文獻學講義》，上海古籍出版社 1986 年版，第 135 頁。

132　（後晉）劉昫等撰：《舊唐書》卷四《高宗本紀上》，中華書局點校本 1975 年版，第 71 頁。

133　（清）錢大昕：《十駕齋養新錄》卷三「注疏舊本」條，上海書店 1983 年版，第 60 頁。

止，等等[134]，不一而足。

　　S.498《毛詩正義》寫卷，經、傳、箋皆標起止，而不出全文；經、傳、箋之起止用朱書，《正義》用墨書。王重民云：「傳箋起止朱書，正義墨書，凡『民』字皆作『人』，孔氏原書應如是也。」[135]潘重規云：「此卷傳箋起止朱書，正義墨書，當為唐代正義原書之本來面目，殆無疑義。」[136]

　　P.3634V+P.3635V《春秋左傳正義》寫卷，亦經、注標起止而不出全文，經、注之起止用朱書，《正義》用墨書，與 S.498《毛詩正義》之體例完全相同。

　　據此兩唐寫本《正義》寫卷所反映之書寫體裁，可以證明孔穎達《五經正義》的書寫格式是經、注皆標起止而不出全文，經、注用朱書，《正義》用墨書以別之。

　　又，《經典釋文・序錄》云：「今以墨書經本，朱字辯注，用相分別，使較然可求。」[137]但世之傳本，皆用墨書，無用朱書者。P.3315《尚書釋文》，凡《傳》文之詞目，上皆加朱點以別之，而經文詞目則否[138]。是《經典釋文》原本的體裁，據寫卷猶可想見其風貌。

　　　　　　　　　　（原載許建平《敦煌經籍敘錄》，中華書局 2006 年版）

---

134 説詳蘇瑩輝《略論五經正義的原本格式及其標記經、傳、注文起訖情形》，見蘇瑩輝《敦煌論集續編》，臺灣學生書局 1983 年版，第 79-81 頁。

135 王重民：《敦煌古籍敘錄》，中華書局 1979 年版，第 45 頁。

136 潘重規：《巴黎倫敦所藏敦煌詩經卷子題記》，見潘重規《敦煌詩經卷子研究論文集》，第 169 頁。

137 《經典釋文》卷一《序錄・序》，第 1 頁。

138 〔日〕狩野直喜：《唐鈔古本尚書釋文考》，原載《藝文》第 6 卷第 2 號，1915 年 2 月；此據狩野直喜《支那學文藪》，吉川弘文堂 1973 年版，第 94 頁。

# 整理敦煌文獻時需要注意的幾個問題

　　一個世紀前發現於藏經洞的敦煌文獻，其內容涉及中國十一世紀以前的歷史、經濟、宗教、語言、文學、藝術、科技等各個方面，但這批文獻中的絕大部分是寫本文獻，與我們常見的刻本文獻相比，有著它們自己的特殊性。敦煌學界普遍認為，在利用這批具有重大學術價值的材料時，首先需要克服三個方面的障礙：不易辨識的大量俗別字，不易理解的眾多民間俗語詞，難以把握的書寫格式與符號。關於這三個方面，已經有了大量的研究成果，目前來説，大部分問題已經得到解決。已經發表的敦煌文獻整理本（包括過錄原文及校勘），對這三個方面的把握，總體來説是不錯的。所不同的，只是學風的踏實與否、學力的高低不同而已。

　　十幾年來，筆者一直在進行敦煌文獻的整理，在這過程中，瀏覽了大量前人的論著，覺得除了前面三個方面的障礙，還有三個方面的問題需要引起我們的重視。

## 一、俗字的去留標準有待商討

敦煌寫卷有大量的俗字，經過學界多年的研究，絕大多數俗字已能正確辨識。如果我們不是專門研究近代文字，而是為了整理出一個可讀的文本的話，是不需要保留這麼多俗字的。在絕大多數敦煌寫卷的影印本已出版的今天，洪纖畢具、點畫靡遺的摹錄本是沒有實際意義的。但將所有的俗別字甚至寫卷保存的古字、本字全部改為通行繁體的話，則會泯滅寫卷保存的很多文字信息，使引用此資料的學人因此得出不正確的結論。

如「對答」之「答」，敦煌寫卷大多寫作「荅」，有的整理者將它改成「答」，按《五經文字・艹部》云：「荅，本小豆之一名。對荅之『荅』本作『畣』。經典及人閒行此『荅』已久，故不可改變。」[1]「答」乃是「荅」字因艹、竹混用造成之俗字，如果改「荅」為「答」，反而將原來的正字改成了後起的俗字。像「荅」這一類正字應該予以保留。

又如《詩經・王風・君子於役》「君子於役，不知其期」[2]，P.2529「役」字寫作「伇」，《說文・殳部》：「役，戍邊也。從殳從彳。古文役，從人。」[3]甲骨文「役」字皆從「亻」旁，而《毛詩》為古文本，則敦煌寫卷所作之「伇」極有可能保存了《毛詩》原貌。「伇」並非俗字，而是古字，如果改「伇」為「役」，則《毛詩》之本字無考矣。這一類字當然也不應該不經辨別，率爾改易。

還有一類字，我認為也應該保留：寫卷所用的是古字或與現在通行的簡化字同形的古字。前者如「介」、「弃」，後者如「号」、「礼」，

---

1　（唐）張參：《五經文字》卷中《艹部》，鮑廷爵《後知不足齋叢書》本，清光緒九年（1883），第6B頁。

2　《毛詩正義》卷四之一《王風・君子於役》，第149頁。

3　《說文解字》三篇下《殳部》，第66頁。

敦煌寫卷所用的是古字，後世刻本都有通行繁體字，分別寫作「爾」、「棄」、「號」、「禮」。在錄文時，應該原樣照錄，不應該改成通行繁體字。因為「尒」、「弃」、「号」、「礼」的產生要早於「爾」、「棄」、「號」、「禮」，用後世通行字改易古字，會抹去寫卷包含的文字信息，影響到經典的復原與文字學史的研究。

　　以上所言，其實並非俗字，只是有些整理本將它們當作俗字並改易之，故在此特別提出來。我們在敦煌寫卷中看到一個「不大正常」的字，首先應該考察它是俗字還是古字或正字，而不是率爾操觚，以通行繁簡字置換之。

　　像以下這幾類俗寫字是否需要保留，我覺得應該進行討論。

　　(1) 與現在通行的簡化字同形的俗字。如「断」、「乱」，是錄成「斷」、「亂」，還是原樣照錄（當然在使用簡化字的論著中不存在這個問題）？

　　(2) 由於偏旁混寫造成的與另一字同形的字。如敦煌寫卷中⺮、艹常混用，因而「符」寫作「苻」；扌、木混用，因而「折」寫作「析」。雖然不少字我們一看就能明白，比如「擅樹」之「擅」肯定是「檀」之俗體，我們可以直接將它改成「檀」。但是「揚」、「楊」二字，就很難區別清楚了。江蘇的「揚州」、「揚雄」的「揚」姓，本來作「揚」還是「楊」，至今尚無定論，這就是因為扌、木不分給後人留下的麻煩。而改字需有一個統一的標準，不能「揚」、「楊」保留而「符」、「苻」改易。

　　(3) 僅僅點畫之差的增筆字、減筆字，如「圡」、「氾」，當然應該直接改為「土」、「氾」，這一點大家的意見基本上是一致的。但若正字與俗字的筆劃、字形相差較大，或那俗字其實是訛變字，如 P.3433《論語集解》寫卷「愆」字寫作「慫」，S.2053VA《禮記音》寫卷「就」字

寫作「茯」。這一類字，若全部改為通行字，就有可能出現誤判；原樣
照錄，那麼出版成本大大增加。這種情況在敦煌寫卷中不在少數，該
如何處理？

總之，將俗寫字全部改為通行繁體字或簡化字，將會失去寫卷中
保存的大量有用信息；而大量保存，則會影響錄校本的使用價值。改
與不改之間的分寸如何把握？敦煌學界是否可以就此展開一些討論，
定出一個大家能接受的可操作的意見來？

## 二、異文的考證不夠正確

我們整理敦煌文獻，除了社會經濟文書外，其他很多寫卷或多或
少存在一些異本（包括敦煌寫卷中其他的異本及傳世刻本），如此勢必
存在大量的異文。在敦煌學研究的初期，簡單的異文匯錄還是有價值
的，畢竟能看到敦煌原卷或其影本的人是絕少數，公布出異文，可以
為沒有條件的學者提供研究的材料。但現在絕大多數寫卷都已有了清
晰的影本，再作「某，某本作某」這樣簡單的異文錄校已經失去了意
義（當然如果現在有人發現一個新的寫卷，而這寫卷又因為種種原因
無法照相公布，那麼作一個異文錄校還是有意義的）。我們在整理過程
中，對這些異文應該加以分析、證明，盡量作出一個準確的判斷，而
不能簡單地作異文匯錄。

在異文錄校時，存在問題最多的是關於古今字、通假字、異體字
的判定。很多論著在碰到這一類的異文時，往往不作考察，就簡單地
賦予「通假」二字，不僅沒有解決任何問題，反而產生了新的訛誤。
正確地判定它們的關係，對於考證寫卷價值有重要的作用。但這要求
整理者必須具有文字、音韻、訓詁方面的一定功底，否則就會得出錯

誤的結論。如《詩經・豳風・九罭》篇之「罭」字，胡承珙《毛詩後箋》云：「《說文》無『罭』字，古字當只作『域』。」[4]是清人已懷疑《毛詩》「罭」非本字。S.1442、S.2049 此字皆作「域」，可證胡氏之善。有人以為罭、域同音通假[5]，誤也。「域」、「罭」實為古今字，因「九域」之「域」義為魚網，故後人改偏旁「土」為「罒（網）」。《毛詩》時代，「罭」字尚未產生，何來通假？又如《文選》卷二十曹子建《上責躬應詔詩表》「自分黃耇，永無執珪之望，」[6]，Φ.424 同，但五臣本《文選》「珪」作「圭」，或云：「『圭』與『珪』通。」[7]案《說文・土部》：「圭，瑞玉也。上圜下方，……以封諸侯。從重土。楚爵有執圭。珪，古文圭從玉。」[8]是圭、珪為異體字，並非通假字。以上只是隨意舉兩個例子，其實這種情況在敦煌文獻的整理本中很普遍。

## 三、對清人的研究成果不夠重視

　　敦煌學研究者在對敦煌文獻進行整理研究時，首先要進行學術史的追溯，將前人相關研究成果盡可能蒐羅無遺。這是整理研究的最基本前提。

　　但敦煌文獻的經、史、子、集四部書寫本中，有不少存有傳世刻本，如《尚書》、《詩經》等經書，《史記》、《漢書》等史書，《老子》、

---

4　（清）胡承珙撰，郭全芝校點：《毛詩後箋》卷十五《豳風・九罭》，黃山書社 1999 年版，第 727 頁。

5　蔡主賓：《敦煌寫本儒家經籍異文考》，第 220 頁。

6　（南朝梁）蕭統編，（唐）李善注：《文選》卷二十《上責躬應詔詩表》，中華書局 1977 年版，第 278 頁。

7　羅國威：《敦煌本〈昭明文選〉研究》，黑龍江教育出版社 1999 年版，第 166 頁。

8　《說文解字》十三篇下《土部》，第 289 頁。

《莊子》等子書以及《文選》、《文心雕龍》等集部書，這些文獻除了一百年來近人對相關的敦煌寫卷作有研究外，清人已作過大量的研究。雖然清人沒有看到過敦煌寫卷，但他們看到的其他版本或舊籍引用的異文有與敦煌寫本相同的，那麼他們的研究成果當然應該吸收到我們的整理本中。下面略舉幾條經部典籍方面的例子。

《尚書·高宗肜日》「降年有永有不永，非天夭民，民中絕命」[9]，江聲《尚書集注音疏》云：「《史記》載此文，則云『非天夭民，中絕其命』，『民』止一字，不重出。偽孔本於『中絕命』上別出『民』字，殊無謂。故云『民』不當有重文，重者，衍字也。」[10] P.2516、P.2643《尚書》寫卷「民」字不重，印證了江聲的說法。

《詩·小雅·六月》「有嚴有翼，共武之服」毛傳：「嚴，威嚴也。」[11]陳奐《詩毛氏傳疏》云：

　　《傳》各本「威」下衍「嚴」字，訓「嚴」為「威」，不訓「嚴」為「威嚴」也。《常武》「有嚴天子」傳「嚴而威也」，亦訓「嚴」為「威」。《傳》「威」《箋》「威嚴」，猶《傳》「敬」《箋》「恭敬」，今各本依《箋》增入「嚴」字，《釋文》「嚴，威也」，《正義》「其嚴者威敵屬眾」，是陸、孔所見《毛傳》不重「嚴」字。《華嚴音義》下引傳「嚴，威也」，不誤。」[12]

P.2506《毛詩》寫卷正無「嚴」字，可證陳說之善。

---

9　《尚書正義》卷十《高宗肜日》，第143頁。

10　（清）江聲：《尚書集注音疏》，《清經解》第2冊，上海書店1988年版，第874頁。

11　《毛詩正義》卷十之二《小雅·六月》，第358頁。

12　《詩毛氏傳疏》卷十七《南有嘉魚之什詁訓傳·六月》，第16A頁。

　　《左傳‧僖公五年》「於是江、黃、道、柏方睦於齊，皆弦姻也」杜預注：「道國在汝南安陽縣南。」[13]洪亮吉《春秋左傳詁》云：「《地理志》汝南郡陽安，應劭曰：『故道國。』……杜本『陽安』，今作『安陽』，蓋傳寫誤。汝南郡別有安陽縣，應劭曰：『故江國也。』」[14]P.2562《左傳》寫卷正作「陽安」，可證洪說不誤。

　　清代乾嘉學人在四部書特別是群經的研究上達到了登峰造極的地步，他們憑藉深厚的訓詁、音韻、文字方面的功底，全面搜羅各種材料，作出了令人信服的論斷。學問之道，後人應該站在前人的肩膀上，借鑑其成功的經驗，吸收其合理的成分，方能將學術研究推向更高、更深的層次。顏之推云：「觀天下書未徧，不得妄下雌黃。」[15]觀遍天下書可能有困難，但盡量多地翻閱相關專題的清人研究成果，特別是一些重要的、通行的研究著作，恐怕不是一件很難的事。

　　（原載劉進寶主編《百年敦煌學：歷史　現狀　趨勢》，甘肅人民出版社 2009 年版）

---

13　《春秋左傳正義》卷十二《僖公五年》，第 207 頁。

14　（清）洪亮吉撰，李解民點校：《春秋左傳詁》卷七《僖公一》，中華書局 1987 年版，第 278 頁。

15　（北齊）顏之推撰，王利器集解：《顏氏家訓集解》（增補本）卷三《勉學第八》，中華書局 1993 年版，第 235 頁。

# 新見國家圖書館藏敦煌經部寫本殘頁錄校研究

　　國家圖書館收藏之敦煌遺書的主體部分早在二十世紀七〇年代就已製成縮微膠捲發行，但新字號與臨編號部分一直沒有正式公布，使我們難窺國圖藏卷之全豹。經過編纂組專家們八年的艱辛努力，到二〇一二年五月，一百四十六冊的皇皇巨著《國家圖書館藏敦煌遺書》全部出版，終於使我們能看到世界上敦煌遺書最大宗收藏之完璧。

　　國圖收藏的敦煌文獻中，亦有不少儒家經籍寫本，我在《敦煌經籍敘錄》中介紹過十件，其中《尚書》三件：BD15695、BD14681、BD12280（L2409）；《詩經》一件：BD14636；《禮記》一件：BD09523；《左傳》一件：BD02709 背(北 8155 背)；《穀梁傳》一件：BD15345；《論語》兩件：BD10610（L0739）、BD09521（北殷 42）。後在《敦煌經部文獻合集》中增入《論語》一件：BD09954 (L0083)。今將《國家圖書館藏敦煌遺書》翻閱一過，又發現六件有關儒家經籍的殘片，其中《尚書》一件（BD16057），《詩經》一件（BD12252），《禮記》一件（BD16019），《穀梁傳》兩件（BD14475 背 1、BD14475 背

2），《孝經》一件（BD16092A）。今依原卷行款移錄全文並作校勘。《國家圖書館藏敦煌遺書》均以黑白圖版印刷，有些寫本字跡不易辨認，得方廣錩教授幫助，獲睹 BD16057、BD16019、BD12252 三件寫本的彩色照片，使校錄得以順利進行，謹此致謝！

　　錄文每行前列序號並施加新式標點。上標方括號（〔〕）內為校記之序號。雙行小注改為單行，經文小四號，注文小五號。殘片殘損或模糊之字用「☒」號表示，殘缺之字用「□」號表示，並據對校本擬補。殘缺嚴重而不能確定字數者，上缺者用￣￣￣￣號，中缺者用￣￣￣￣號，下缺者用￣￣￣￣號。重文符號一般均改成相應之字（但如涉及前後兩行，則仍舊保留），旁注字直接錄入相應位置。

## BD16057

　　《國家圖書館藏敦煌遺書》（後簡稱「國圖藏」）定名《尚書正義・武成》（第 145 冊第 115 頁下欄），今將其「條記目錄」之有關記載移錄於下：

　　1.1　BD16057 號

　　1.3　尚書正義・武成

　　1.6　L4030

　　2.1　4 行，行 11 字殘。

　　2.3　殘片。首殘尾殘。上邊殘缺，通卷下殘。正面有烏絲欄，有雙行夾注。已修整。

　　8　　7-8 世紀。唐寫本。

　　9.1　楷書。

　　12　本遺書為從 BD02506 號背面揭下的古代裱補紙。

此殘片存四殘行，上端不殘，下部殘，第一行僅存一個半字。起《尚書‧武成》「既戊午，師逾孟津」之「津」字，至「一戎衣，天下大定」之「一」（殘片作「弍」），經文單行大字，注文雙行小字，根據行款推測，大字每行約二十字。這是偽孔安國《古文尚書傳》，有經文與傳文，沒有孔穎達之疏文，並非《尚書正義》。按拙著《敦煌經籍敘錄》的命名格式，此殘片可定名為「古文尚書傳（武成）」。

S.799 號存《武成》全篇，可與此殘片互校。

以《中華再造善本》影印之北京大學所藏宋刻本《尚書》為對校本（簡稱「宋本」），校錄於後。

### 錄文：

1. 津。⊿（癸）〔1〕▭
2. 陳也〔2〕。甲子昧爽，⊿⊿（受術）〔3〕▭
3. 宅又敵於我師〔4〕，崶徒倒戈〔5〕，攻〔6〕▭
4. 服周仁政，無有戰心〔7〕，前人自攻於⊿（後）以走〔8〕，流血漂舂杵〔9〕。甚言⊿⊿〔10〕。⊿〔11〕▭

### 校記：

〔1〕　癸　殘片存左上角一半。「癸」下殘片殘缺，宋本作「亥陳於商郊俟天休命自河至朝歌出四百里五日而至赴敵宜速待天休命謂夜雨止畢」。

〔2〕　也　宋本及 S.799 無，然日本古寫本內野本、足利本、影天正本、上圖本均有[1]。

---

1　本文引用之日本古寫本皆見顧頡剛、顧廷龍輯《尚書文字合編》，上海古籍出版社1996年版。

〔3〕　受術　殘片「受」存左半，後一字僅存左上角「彳」，宋本作「率」，其形不似。此字 S.799、《書古文訓》作「術」[2]，內野本、上圖本作「術」，案 P.3315《尚書釋文》八十二行：「術，古率字。」「彳」乃「術」字殘筆。「術」當是「術」之訛變。「術」下殘片殘缺，宋本作「其旅若林會於牧野旅眾也如林言盛多會逆距戰」。

〔4〕　冇又敵　宋本作「罔有敵」；S.799「又」作「ナ」，「敵」作「敵」。案：《玉篇・宀部》：「冇，古文罔。」[3]《集韻・有韻》：「有，古作ナ。」[4]「又」、「ナ」同字，隸變之異，皆為「有」之古字。「敵」、「敵」皆「敵」之變體，商、商混用，攵、攴通用也。

〔5〕　歬　宋本作「前」。《玉篇・止部》：「歬，今作前。」[5]

〔6〕　「攻」下殘片殘缺，宋本作「於後以北血流漂杵紂眾」。

〔7〕　无　S.799 同，宋本作「無」。《説文・亾部》：「无，奇字無也。」[6]

〔8〕　前人自攻於▢以走　宋本作「前徒倒戈自攻於後以北走」。案：S.799 作「前人自攻於後以走」，與殘片同，殘片模糊難辨之字應是「後」，故據以補。上圖本作「前人自攻於後以北走」，比殘片及 S.799 多一「北」字。內野本作「前人倒戈，自攻於其後以北走」，又多「倒戈」二字。足利本、影天正本作「前徒倒戈，自攻於後以北走」，則易「前人」為「前徒」。《文選》卷六左思《魏都賦》「習習冠蓋，莘莘蒸

2　薛季宣：《書古文訓》卷七《武成》，第 13B 頁。

3　《宋本玉篇》卷十一《宀部》，第 210 頁。

4　《集韻》卷六《上聲下・四十四有》，第 430 頁。

5　《宋本玉篇》卷十《止部》，第 200 頁。

6　《説文解字》十二篇下《亾部》，第 267 頁。

徒」，張銑注：「蒸徒，人也。」[7]蒸，眾也，蒸徒者，眾人也。《史記‧
酈生陸賈列傳》：「吾高陽酒徒也，非儒人也。」[8]酒徒者，嗜酒之人也。
此所以釋「前徒」為前人也。《玉篇‧北部》：「軍敗走曰北。」[9]《左傳‧
桓公九年》：「鬭廉衡陳其師於巴師之中，以戰，而北。」[10]北者，敗逃
也。《孟子‧梁惠王上》：「王好戰，請以戰喻：填然鼓之，兵刃既接，
棄甲曳兵而走。」[11]走者，亦敗逃也。殘片作「以走」者，使之敗逃也。
「走」即釋經文「北」也。諸作「以北走」之本，則釋「北」為方位詞，
誤也。

〔9〕 流血　內野本、足利本同，影天正本作「沝血」，S.799、宋
本作「血流」，上圖本作「流血流」。案：P.3315《尚書釋文》第六十八
行：「沝，古流字。」

〔10〕 甚言▢▢　「言」下二字殘存右邊殘畫，而且第二字所存
者似「也」之右端彎鈎。宋本作「甚之言」，S.799 作「甚之言也」，皆
與殘片有別。內野本、足利本、影天正本、上圖本亦作「甚之言」，與
宋本同。

〔11〕 此字所存右上角殘筆似「弋」，宋本此處為「一戎衣」句，
S.799 作「壹戎衣」。內野本、《書古文訓》「一」作「弌」[12]，與殘片之

---

7 （南朝梁）蕭統選編，（唐）李善等注：《六臣注文選》卷六《魏都賦》，浙江古籍出
　版社 1999 年版，第 109 頁。

8 《史記》卷九十七《酈生陸賈列傳第三十七》，第 2704 頁。

9 《宋本玉篇》卷十五《北部》，第 300 頁。

10 《春秋左傳正義》卷七《桓公九年》，第 120 頁。

11 （漢）趙岐注，（宋）孫奭疏：《孟子注疏》卷一上《梁惠王章句上》，《十三經注疏》
　本，藝文印書館 2001 年版，第 12 頁。

12 薛季宣：《書古文訓》卷七《武成》，第 13B 頁。

殘筆近，殘片此字當即「弍」字，《説文》：「弍，古文一。」[13]《章太炎説文解字授課筆記》：「一，古文作弌，此與弍、弎等皆後起之古文，最初當止作一、二、三等。」[14]

## BD12252

《國圖藏》定名《毛詩傳箋（淇奧至碩人）》（110 冊 350 頁下欄），今亦將其「條記目錄」之有關記載移錄於下：

1.1　BD12252 號

1.3　毛詩傳箋（淇奧至碩人）

1.4　L2381

2.1　十一行，行二十一字。

2.3　卷軸裝。首尾均殘。小殘片。已修整。

8　　九至十世紀。歸義軍時期寫本。

9.1　楷書。

此殘片存十二行，前四行殘去上半行，末行僅存最下端兩字右邊殘畫，「條記目錄」謂其為十一行，未計此兩殘字也。起《衛風・淇奧》之小序「有文章」之「章」，迄《碩人》首章「譚公維私」之「譚」，白文無傳箋。按拙著《敦煌經籍敘錄》的命名格式，此殘片可定名為「毛詩（衛風淇奧——碩人）」。

以《中華再造善本》影印國家圖書館所藏宋刻本《毛詩詁訓傳》（簡稱「宋本」）為對校本，校錄於後。

---

13　《説文解字》一篇上《一部》，第 7 頁。

14　章太炎講授，朱希祖、錢玄同、周樹人記錄：《章太炎説文解字授課筆記》第一篇上《一部》，中華書局 2008 年版，第 1 頁。

## 錄文：

1. ▢▢▢▢☐（章）〔1〕，又能聽其規〔2〕諫，以禮〔3〕自防，故能

2. ▢▢▢▢☐（彼）淇奧〔4〕，綠竹青青〔5〕。有匪君子，如切如

3. ▢▢▢▢兮喧兮〔6〕。有匪君子，終不可諼兮。

4. ▢▢▢▢☐（匪）〔7〕君子，充耳誘瑩，會〔8〕弁如星。瑟兮

5. 僩兮，赫兮喧〔9〕兮。有匪君子〔10〕，如金如錫〔11〕，如珪〔12〕如璧。寬兮誘兮〔13〕

6. 綽兮，猗重較兮。善戲謔兮，不為虐兮。　《淇奧》三章〔14〕

7. 考盤〔15〕，刺〔16〕莊公也。不能繼先公之業，使賢者退而窮處也〔17〕。

8. 考盤在澗，碩人且〔18〕寬。獨寤寐〔19〕言，永矢弗諼。考盤在阿，碩

9. 人之邁〔20〕。獨寐寤歌，永矢不〔21〕過。考槃在陸，碩人之軸。獨寐

10. 寤宿，永矢弗告〔22〕。　《碩人》，閔莊姜也。莊公或於嬖妾〔23〕，使

11. 驕上僭。莊姜賢而不荅，終以無子，國人閔而憂之。碩人頎頎〔24〕，

12. ▢▢▢☐☐（姨，譚）〔25〕


## 校記：

〔1〕　章　殘片殘存左下半。

〔2〕　規　P.2529同，宋本作「規」。《正字通・矢部》：「規，規

本字。」[15]趙平安《説文小篆研究》有考[16]。

〔3〕 礼　宋本作「禮」。「礼」為古文「禮」字，敦煌寫本多用此字。

〔4〕 彼淇奧　殘片「彼」存右下角。「彼」前殘片殘缺，宋本作「入相於周美而作是詩也瞻」。

〔5〕 青青　宋本作「猗猗」。案：「綠竹青青」是第二章文，第一章為「綠竹猗猗」，此抄寫者誤也。

〔6〕 兮喧兮　「兮喧」前殘片殘缺，宋本作「磋如琢如磨瑟兮僴兮赫」。「喧」字宋本及 P.2529 作「咺」，《經典釋文》出「咺兮」條，是亦作「咺」[17]。而 S.2729 出「喧」條，與殘片同。《禮記・大學》引《詩》作「赫兮喧兮」[18]，亦與殘片同。

〔7〕 匪　殘片存左下角。「匪」前殘片殘缺，宋本作「瞻彼淇奧綠竹青青有」。

〔8〕 會　殘片原無，當是抄脱，茲據宋本補。

〔9〕 喧　宋本作「咺」。

〔10〕 「有匪君子」下宋本有「終不可諼兮瞻彼淇奧綠竹如簀有匪君子」十七字，當是抄手將第二章的「有匪君子」四字看成第三章的，遂致抄脱。

〔11〕 鈎　宋本作「錫」。案：「鈎」為誤字，此簀、錫、璧均錫部字，作「鈎」則出韻。

〔12〕 珪　P.2529 同，宋本作「圭」。圭、珪古今字，珪者，圭加

---

15　《正字通》午集中《矢部》，第 746 頁。

16　趙平安：《説文小篆研究》，廣西教育出版社 1999 年版，第 176 頁

17　《經典釋文》卷五《毛詩音義上・衛淇奧第五・淇奧》「咺兮」條，第 61 頁。

18　《禮記正義》卷六十《大學第四十二》，第 983 頁。

形旁玉也，説見楊樹達《積微居小學述林》[19]。

〔13〕 誘兮　宋本無此二字，P.2529 亦無，此乃衍文。

〔14〕 三章　宋本下有「章九句」三字。

〔15〕 盤　S.2729 同，宋本作「槃」。案：「盤」、「槃」皆「般」之後起分別文。《晉書·陸雲傳》：「考盤下位，歲聿屢遷。」[20]《漢書·敘傳》「竇後違意，考盤於代」顏注引《詩》：「考盤在澗。」[21]皆作「盤」，與殘片同。下「盤」字同。

〔16〕 剌　宋本作「刺」。《五經文字·刀部》：「刺，作剌譌。」[22]「剌」乃「刺」之後起別體，敦煌寫卷多作此形。

〔17〕 也　宋本無，P.2529 亦無。

〔18〕 且　宋本作「之」，P.2529 亦作「之」。案：二章曰「碩人之薖」，三章曰「碩人之軸」，首章亦應作「之」，「且」當是誤字。

〔19〕 寤寐　「寐」必為「寐」之訛體，第二章作「寐」，第三章作「寐」，皆訛體。P.2529、宋本作「寐寤」，下二章亦皆作「寐寤」，是「寤寐」乃「寐寤」之誤倒。阜陽漢簡《詩經》此句作「未吾言，柄矢弗縵」，胡平生、韓自強謂「未吾」可讀作「寐寤」[23]，是簡本亦作「寐寤」，不作「寤寐」。

〔20〕 邁　宋本作「薖」，P.2529 亦作「薖」。案：「邁」為誤字。

〔21〕 不　P.2529 及宋本均作「弗」。不、弗同義，古多混用。《平

---

19　楊樹達：《積微居小學述林》卷五《文字中的加旁字》，中華書局 1983 年版，第 204 頁。

20　（唐）房玄齡等：《晉書》卷五十四《陸雲傳》，中華書局點校本 1974 年版，第 1484 頁。

21　《漢書》卷一百下《敘傳下》，第 4269 頁。

22　張參：《五經文字》卷中《刀部》，第 47A 頁。

23　胡平生、韓自強：《阜陽漢簡詩經研究》，上海古籍出版社 1988 年版，第 62 頁。

興令薛君碑》：「遺風令歌，永矢不愃。」洪适謂此即引《詩》「永矢弗
諼」[24]。「永矢弗諼」是首章中文，《薛君碑》所引「弗」即作「不」。

〔22〕　永矢弗告　P.2529、宋本下有「考槃三章章四句」。

〔23〕　或於壁妾　宋本「或」作「惑」，「壁」作「嬖」。案：或、
惑古今字[25]，「壁」為「嬖」之音誤字。

〔24〕　頎頎　宋本及 P.2529、S.2729 均作「其頎」。案：《玉篇·
頁部》「頎」字下云：「《詩》云：『碩人頎頎。』傳：『具長兒。』又頎
頎然佳也。」[26]臧琳《經義雜記》卷二「碩人頎頎」條云：「下章『碩
人敖敖』，箋云：『敖敖猶頎頎也。』據鄭箋，知《詩》『頎』字本重文，
六朝時猶未誤。故顧野王據之。」[27]胡吉宣《〈玉篇〉引書考異》云：「下
章云：『碩人敖敖。』敖敖與頎頎文正相對。鄭箋：『敖敖猶頎頎。』足
證《詩》本為『頎頎』。今本其字即由頎半殘而譌，頎頎、敖敖竝重言
形況詞。」[28]漢銅鏡《碩人》鏡銘作「石人姬姬」[29]，于茀云：「鄭箋、《玉
篇》與鏡銘作疊字相合，從毛詩第三章首句『碩人敖敖』用疊字來看，
首章也應是疊字，鏡銘用疊字亦證成此點。……鏡銘『姬姬』當是『頎
頎』的假借。」[30]

〔25〕　姨譚　殘片「姨」存右邊殘畫，「譚」存右下角殘畫。「姨」
前殘片殘缺，宋本作「衣錦褧衣齊侯之子衛侯之妻東宮之妹邢侯之瞻

---

24　（宋）洪适：《隸續》卷一《平輿令薛君碑》，中華書局 1985 年版，第 296 頁。

25　洪成玉：《古今字》，語文出版社 1995 年版，第 37 頁。

26　《宋本玉篇》卷四《頁部》，第 75 頁。

27　（清）臧琳：《經義雜記》，《清經解》第 1 冊，上海書店 1988 年版，第 790 頁。

28　胡吉宣：《〈玉篇〉引書考異》，吳文祺主編：《語言文字研究專輯（上）》，上海古
　　籍出版社 1982 年版。

29　羅福頤：《漢魯詩鏡考釋》，《文物》1980 年第 6 期。

30　于茀：《金石簡帛詩經研究》，北京大學出版社 2004 年版，第 52 頁。

彼淇奧綠竹青青有」。


## BDI6019

《國圖藏》定名《禮記正義・射義第四六》（第 145 冊第 86 頁上欄），今亦將其「條記目錄」之有關記載移錄於下：

1.1　BD16019 號

1.3　禮記正義・射義第四六

1.6　L4017

2.1　十六行，行約二十八字。

2.3　殘片。首殘尾殘。卷面有殘洞，尾有殘缺，卷面多漿糊。有雙行夾注。已修整。

8　七至八世紀。唐寫本。

9.1　楷書。

9.2　有硃筆斷句。

12　本遺書為從 BD00695 號背面揭下的古代裝補紙。

此殘片不僅首尾皆殘去，而且每行下端亦均殘損一兩字。凡存十六行，首行上端殘泐，中間又有一段殘泐；末行中間有兩段殘泐。經文單行大字，注文雙行小字。起《禮記・射義》「夫君臣習禮樂而以流亡者，未之有也」鄭注「流共工於幽州」之「流」，至「故天子之大射，謂之射侯。射侯者，射為諸侯也。射中則得為諸侯，射不中則不得為諸侯」鄭注「將射，還視侯中之時」之「將」。此乃鄭玄注本《禮記・射義》，不是孔穎達的《禮記正義》，應擬名為《禮記注・射義》或鄭玄注《禮記・射義》。按拙著《敦煌經籍敘錄》的命名格式，此殘片可定名為「禮記注（射義）」。

以《中華再造善本》影印之撫州公使庫刻本《禮記》（簡稱「撫本」）為對校本，校錄於後。

### 錄文：

1. ⬚⬚⬚（流共）[1] 工於幽州。」⬚⬚⬚⬚（故《詩》曰：「曾）[2] ⬚⬚⬚⬚⬚⬚（君子，凡以庶）[3]

2. 士，小大莫處，御於君所。以燕以射，則燕則譽。」言君臣相與盡志於射[4]，以⬚⬚（習禮）[5]

3. 樂，則安則譽也。是以天子制之，而諸侯務焉。此天子之所以養諸侯⬚⬚（而兵）[6]

4. 不用，諸侯自為正之具也。此曾孫之詩，諸侯之射節[7]。四正，正爵四行也。四行者，獻⬚⬚（賓、獻）公、獻卿、獻大夫，乃后[8] 樂作而射也。莫處，無安居其官⬚⬚（次者）

5. 也。御猶侍也。以燕以射，先行燕礼[9] 乃射也。則燕則譽，言國安有名譽也[10]。「譽」或為「與」[11]。孔子射於⬚（矍）[12] 相之圃，蓋觀者如堵⬚（牆）[13]。⬚⬚（矍相）

6. 地名也。樹菜蔬曰圃。射至於司馬，使子路執弓矢出延射，曰：「賁軍之將、亡國之大⬚⬚（夫與）[14]

7. 為人後者不人，其餘皆入。」蓋去者半，入者半。先行飲酒禮[15]，將射，乃以司政⬚⬚（為司）馬[16]。子路執弓矢出延射者[17]，則⬚⬚（為司）

8. 射也。延，進也。出進觀者欲射者也。「賁」讀為「僨」，僨猶覆敗[18]。亡國[19]，亡君之國者也。與猶⬚⬚⬚（奇也。後）人者[20]，一人而已。既有為者，而往奇之，是貪財也。子路陳此三者，而觀者畏其義，則或去[21]。「延」或⬚⬚（為「誓」）[22]。

9. 又使公罔之裘、序點揚觶而語。公罔之裘揚觶而語曰：「幼壯孝弟，耆耋好禮〔23〕，不□□（從流）

10. 俗，修身以俟死，者不？在此位也。」蓋去者半，處者半。序點又揚觶而語曰：「好☒（學不）〔24〕

11. 倦，好禮〔25〕不變，老〔26〕期稱道不亂〔27〕，者不？在此位也。」蓋觀〔28〕有存者。之，發聲也。躲〔29〕畢，又□□（使此）二人舉觶者，古☒□（者於）〔30〕

12. 旅也語，語，謂說義理〔31〕。卅〔32〕曰壯。耆、耋，皆老也。泝〔33〕俗，失俗也。處猶留也。八十、九十耄〔34〕，百年曰期眙〔35〕。稱猶言□□（也。行）也。者不，有〔36〕此行不，可以在此賓位也。「序點」或為「徐點」，「壯」或為「將」也〔37〕，「旄旗」〔38〕或為「毛勤」〔39〕，今《禮》〔40〕「揚」☒□□v（皆作「騰」）〔41〕。

13. 射之為言者繹也，或曰舍也。繹者，各繹己之志也。故心平體正，持一弓一矢□□（一審）

14. 一固一，則射中矣。故曰：「為人父者以為父鵠，為人子者以為子鵠，為人君者□□（以為）

15. 君鵠，為人臣者以為臣鵠。」故射者，各射己之鵠。故天子之大射，謂之射一侯□□（一者），

16. 射為諸侯也。射中□□☒（則得為）〔42〕諸侯，☒□□□□（射不中則不）〔43〕得為諸侯也〔44〕。大射，將祭擇士☒□（之射）〔45〕也。以為某鵠者，將

## 校記：

〔1〕 流共　殘片「流」存左邊殘畫，「共」殘存左半。

〔2〕 故詩曰曾　殘片「故詩」二字均存左半；「曰」字存左邊一

豎；「曾」字存左上角殘畫。

〔3〕 君子凡以　殘片「君子」兩字均存左邊大半；「凡」存左邊小半；「以」存左上角殘畫。「君」前殘片殘缺，宋本作「孫侯氏四正具舉大夫」。

〔4〕 相與盡志於射　撫本「与」作「與」，「于」作「於」。案：「与」、「與」二字古混用無別，敦煌寫本多用「与」字。至於「于」、「於」二字，古則混用不別。下不復出校。

〔5〕 習　殘片存上部小半。

〔6〕 而　殘片存上端殘畫。

〔7〕 「節」下撫本有「也」字。

〔8〕 后　撫本作「後」。說詳臧琳《經義雜記》「后為後之假借」條[31]。

〔9〕 礼　撫本作「禮」。「礼」為古文「禮」字，敦煌寫本多用此字。下同，不復出校。

〔10〕 言國安有名譽也　撫本「国」作「國」，「有」前有「則」，無「也」字。《龍龕手鏡》以「国」為「國」之俗字[32]，案「国」從口從王，寓域中有王即為國之意。下不復出校。

〔11〕 与　撫本作「與」。

〔12〕 疊　殘片左半殘損。

〔13〕 廧　殘片上端殘存部分有似「广」形，然撫本作「牆」，其形不類。錢大昕《經典文字考異》下：「《春秋》：『晉卻克、衛孫良夫伐廧咎如。』《漢書·鄒陽傳》：『牽帷廧之制。』即『牆』字。漢隸

---

31　（清）臧琳：《經義雜記》，《清經解》第 1 冊，上海書店 1988 年版，第 836 頁。

32　《龍龕手鏡》平聲卷一《口部第卅七》，第 175 頁。

從爿之字或變為广。」[33]故補「廇」字。

〔14〕 夫 殘片存上端殘畫。

〔15〕 礼 撫本作「禮」。

〔16〕 司政為司馬 殘片「為」存上端小半。撫本「政」作「正」。胡匡衷《儀禮釋官》云：「《國語》晉獻公『飲大夫酒，令司正實爵。』韋注：『司正，正賓主之禮者。』其職無常官，飲酒則設之。《鄉飲酒義》：『一人揚觶，乃立司正焉。知其能和樂而不流也。』注：『立司正以正禮，則禮不失可知。』《鄉飲酒》及《鄉射》以主人之相為司正。《燕禮》射人為擯，則射人為司正。《大射》大射正擯，則大射正為司正。以其主於正禮，故皆使相禮者相為之。」[34]殘片作「政」者，同音借字也。

〔17〕 者 撫本無。

〔18〕 「敗」後撫本有「也」字。P.3383《詩經大雅音》第三十一行：「賁軍，上補門反。《禮記注》云：『覆敗也。』」亦有「也」字。

〔19〕 囯 撫本作「國」，下句同。

〔20〕 竒 殘片存上端「立」，撫本作「竒」，即「奇」之別體。

〔21〕 「去」下撫本有「也」字。

〔22〕 為 殘片存上端殘畫。

〔23〕 耆耋好礼 撫本「耋」作「耋」。案：《說文·老部》：「耋，年八十曰耋。從老省，至聲。」段注：「小篆既從老省矣，今人或不省，非也。」[35]是「耋」為正字，「耋」為後起字。礼，撫本作「禮」。

33 （清）錢大昕撰，陳文和點校：《經典文字考異》下，《嘉定錢大昕全集》第1冊，江蘇古籍出版社1997年版，第80頁。

34 （清）胡匡衷：《儀禮釋官》，《清經解》第5冊，上海書店1988年版，第99頁。

35 《說文解字注》八篇上《老部》，第398頁。

〔24〕　學　殘片存上半。

〔25〕　礼　撫本作「禮」。

〔26〕　耄　撫本作「旄」。案：《説文·老部》：「薹，年九十曰薹，從老從蒿省。」[36]《玉篇·老部》：「薹，莫報切，邁也。九十曰薹。耄，同上，亦作耄。」[37]是「耄」即「薹」之後起別體。《釋文》出「旄」字，注云：「本又作耄。」[38]「耄」者「老」之異體。陸氏所見有作「耄」之本，亦有作「旄」之本。《説文》：「旄，幢也。」[39]朱駿聲云：「旌旐竿飾也。本用犛牛尾注於旗之竿首，故曰旄。」[40]作「旄」者，乃假借字也。

〔27〕　乱　撫本作「亂」。《干祿字書·去聲》：「乱、亂，上俗下正。」[41]

〔28〕　覲　撫本作「廟」。《釋文》：「廟，音勤，又音覲，少也。」[42]《説文》：「覲，諸侯秋朝曰覲。」[43]「覲」為同音借字。

〔29〕　躲　撫本作「射」。據《説文》，「射」為篆文，「躲」為古文[44]。

〔30〕　者　殘片存上端殘畫。

〔31〕　「理」下撫本有「也」字。

---

36　《説文解字》八篇上《老部》，第173頁。

37　《宋本玉篇》卷十一《老部》，第216頁。

38　《經典釋文》卷十四《禮記音義之四·射義第四十六》「旄」條，第219頁。

39　《説文解字》七篇上《㫃部》，第141頁。

40　（清）朱駿聲：《説文通訓定聲·小部弟七》，中華書局1984年版，第324頁。

41　（唐）顏元孫：《干祿字書》去聲，《叢書集成初編》本，中華書局1985年版，第25頁。

42　《經典釋文》卷十四《禮記音義之四·射義第四十六》「廟」條，第219頁。

43　《説文解字》八篇下《見部》，第178頁。

44　《説文解字》五篇下《矢部》，第110頁。

〔32〕 卅　撫本作「三十」。「卅」為「三十」之合文。

〔33〕 沠　撫本作「流」。《玉篇・水部》：「沠，古文流。」[45]

〔34〕 耄　撫本作「旄」。

〔35〕 眙　撫本作「頤」。此字未見字書記載，蓋為「頤」之別
體字。

〔36〕 撫本「有」前有「言」字。

〔37〕 也　撫本無。

〔38〕 旄旗　撫本作「旄期」。案：殘片所錄經文作「耄期」，則
注文亦當同，此作「旄旗」者，抄者亂之也。《釋文》在經文「旄期」
下注云：「本又作旗，音其。」[46]是確有作「旗」之本，然此處不當作
「旗」，因與經文不一律也。

〔39〕 毛勤　撫本作「旄勤」。《詩・大雅・行葦》「序賓以賢」
毛傳引作「耄勤稱道不亂者」[47]，作「耄」，未見有作「毛」之本，蓋
音誤也。

〔40〕 礼　撫本作「禮」。

〔41〕 皆　殘片殘損下端小部分

〔42〕 為　殘片存右下角殘畫。

〔43〕 射　殘片存上端殘畫。

〔44〕 也　撫本無。

〔45〕 之　殘片存上端殘畫。

---

45　《宋本玉篇》卷十九《水部》，第 356 頁。

46　《經典釋文》卷十四《禮記音義之四・射義第四十六》「期」條，第 219 頁。

47　《毛詩正義》卷十七之二《大雅・行葦》，第 601 頁。

## BD14475 背 I

《國圖藏》定名《春秋穀梁傳集解》（第 128 冊第 48 頁上欄），今將其「條記目錄」之有關記載移錄於下：

1.1　BD14475 號背 1

1.3　春秋穀梁傳集解

1.4　新 0675

2.4　本遺書由三個文獻組成，本文獻為第二個，四行，寫在背面裱補紙上。餘參見 BD14475 號之第 2 項。

5　　與《十三經注疏》相比，沒有疏文。其餘行文略有

差異，可供校勘。

8　　七至八世紀。唐寫本。

9.1　楷書。

BD14475 號為《四分律比丘戒本》，此殘片為其背面之裱補紙。殘片四殘行，存上半部分，末行存右半邊。經文單行大字，注文雙行小字。起《春秋穀梁傳·桓公二年》「孔子故宋也」注「孔父之玄孫」之「玄」，至「此成矣，取不成事之辭而加之焉」之「取」字，此為晉范甯所著《春秋穀梁傳集解》，按拙著《敦煌經籍敘錄》的命名格式，可定名為「春秋穀梁傳集解（桓公二年）」。

以《四部叢刊初編》景印常熟瞿氏鐵琴銅劍樓藏宋建安余氏刊本《春秋穀梁傳》（簡稱「叢刊本」）為對校本，校錄於後。

**錄文：**

1. ☒（玄）孫也[1]。滕子來朝。☒（隱）▭▭▭[2]稱子，時王[3]

▭▭

2. 齊侯、陳侯、鄭伯於稷〔4〕□□□□□，

3. 以者，內為志焉爾〔5〕。公為〔6〕□□□□□

4. □（也）。□□（欲會）者，外〔7〕。欲□□□□。▨▨▨▨（此成矣，取）〔8〕□□□□□

**校記：**

〔1〕 玄孫也　殘片「玄」存左下角殘畫；叢刊本無「也」字。

〔2〕 隱　殘片存左邊殘畫；「隱」下殘片殘缺，叢刊本作「十一年稱侯今」。

〔3〕 時王　「時」前叢刊本有「蓋」字；「王」下殘片殘缺，叢刊本作「所黜三月公會」。

〔4〕 「稷」下殘片殘缺，叢刊本作「以成宋亂稷宋地也」。

〔5〕 尒　叢刊本作「爾」。季旭昇云：「『尒』字是戰國時代興起的簡體字，它是截取繁寫的『爾』字的上部而造成的一個簡體字，用法和繁寫的『爾』字相同。」[48]「尔」為「尒」之變體。

〔6〕 「為」下殘片殘缺，叢刊本作「志乎成是亂」。

〔7〕 「外」下叢刊本有「也」字。

〔8〕 此成矣取　此四字殘片均存右邊殘畫。

## BD14475背2

《國圖藏》定名《春秋穀梁傳集解》（第 128 冊第 48 頁下欄），先將其「條記目錄」之有關記載移錄於下：

---

48　季旭昇：《說文新證》上冊，藝文印書館 2002 年版，第 69 頁。

1.1　BD14475 號背 2

1.3　春秋穀梁傳集解

1.4　新 0675

2.4　本遺書由三個文獻組成，本文獻為第三個，一行，寫在背面裱補紙上。餘參見 BD14475 號之第二項。

8　七至八世紀。唐寫本。

9.1　楷書。

BD14475 號為《四分律比丘戒本》，此殘片亦為其背面之裱補紙。殘片存二行，殘存下半小部分，第一行殘存左半邊，「條記目錄」謂其為一行，未計此行四殘字也。起《春秋穀梁傳‧桓公六年》「其曰陳佗」之「佗」，至「其匹夫行奈何」之「奈」字，據行款可知，第二行為十三字。此為晉范甯所著《春秋穀梁傳集解》，按拙著《敦煌經籍敘錄》的命名格式，此殘片可定名為「春秋穀梁傳集解（桓公六年）」。

BD15345 為《春秋穀梁傳集解（桓公十七、十八年）》，經文大字每行十三或十四字，是唐高宗龍朔三年抄寫的長安宮廷寫本[49]。將此殘片與 BD15345 相比較，雖然殘片內容極少，只存四個整字，但卻有兩點相同：

(1) 行款相同

(2)「行」字的寫法相同。

BD15345 尾題「春秋穀梁傳桓公第二」，抄寫者皇甫智炭；P.2536 尾題「春秋穀梁傳莊公第三閔公第四合為一卷」，抄寫者高義；P.2486 尾題「春秋穀梁傳哀公第十二」，抄寫者婁思憚。此三殘卷同抄於龍朔三年三月，而且分別為第二、第四、第十二卷，一人抄寫一卷，此

---

49　許建平：《敦煌經籍敘錄》，中華書局 2006 年版，第 281 頁。

BD14475 背 2 殘片，蓋即皇甫智岌抄寫的第二卷之部分，後來被人剪下，作為 BD14475《四分律比丘戒本》卷背的裱補紙。

以《四部叢刊初編》景印常熟瞿氏鐵琴銅劍樓藏宋建安余氏刊本《春秋穀梁傳》（簡稱「叢刊本」）為對校本，校錄於後。

**錄文：**

1. ＿＿＿□□□（佗，何也？匹）[1]
2. ＿＿＿匹夫行奈[2]

**校記：**

〔1〕 佗何也匹　此四字殘片均存左邊殘畫。

〔2〕 「匹」前殘片殘缺，叢刊本作「夫行故匹夫稱之也其」。

## BD16092A

此號收錄於《國圖藏》第一百四十五冊第一百四十二頁上欄，擬名為「殘片」。據「條記目錄」載，BD16092A 原編號 L4055，小殘片，僅存二殘行，是從 BD00608 號《大般若波羅蜜多經卷二七七》背面揭下的古代裱補紙。另有 BD16092B，僅存三個殘字，「條記目錄」謂與 BD16092A 為同卷，但不能直接綴接。因無法考定此三殘字究為何字，故本文僅考釋 BD16092A。

從圖版上看，BD16092A 存二行，上端有殘損。正文單行大字，注文雙行小字。其正文存兩句：「言有兄必有長」、「宗厝致敬不妄」。查《孝經・感應章》有云：「故雖天子，必有尊也，言有父也；必有先

也，言有兄也。宗廟致敬，不忘親也。」[50]「厝」為「庿」之誤字[51]，「庿」為「廟」之古字。「妄」、「忘」二字因音同而常混淆，如《論語‧為政》「父母唯其疾之憂」何晏《集解》引馬融曰：「言孝子不妄為非。」[52] P.2601「妄」作「忘」。是「宗厝致敬不妄」即《孝經》「宗廟致敬，不忘親也」句中文。只是「言有兄必有長」句與今傳本《孝經》不同，然敦研 366 首行有「兄必有長宗廟致敬不忘親」諸字[53]，正與 BD16092A 同，是此為《孝經》之異本也。其注文不見於鄭玄注、唐玄宗注等諸注本，當是某氏佚注，按拙著《敦煌經籍敘錄》的命名格式，此殘片可定名為「孝經注（感應）」。

敦研 366，蘇瑩輝考定其所據底本乃鄭玄《孝經注》[54]，然此殘片並非鄭注本，而其經文卻與敦研 366 相同，故蘇說有待商榷也。

### 錄文：

1. ▢▢（天）子無父[1]，事三老，必使▢▢▢下之人皆為敬父也。言有兄必有長，言天子無兄，事五更，欲使天下之人皆敬其兄

2. ▢▢▢者，謂日月光明，星宿失度，占吉兇，以九州▢▢▢▢▢[2]開津溢途，還遠▢[3]，此之謂。宗厝[4]致敬，不妄[5]

### 校記：

---

50　《孝經注疏》卷八《感應章第十六》，第 51 頁

51　「宗廟致敬」之「廟」，P.2715 即誤作「厝」。

52　《論語注疏》卷二《為政第二》，第 17 頁。

53　敦研 366 號原件不在敦煌研究院，《甘肅藏敦煌文獻》未收，國家圖書館有照片，此據榮新江教授所贈照片電子檔。

54　蘇瑩輝：《北魏寫本孝經殘葉補校記》，《大陸雜誌》第 20 卷第 5 期，1960 年 3 月；此據氏著《敦煌論集》，臺灣學生書局 1983 年版，第 289 頁。

〔1〕 「天」字模糊，且左上角有殘損。案《群書治要》：「故雖天子，必有尊也，言有父也。」鄭注：「雖貴為天子，必有所尊，事之若父，三老是也。」[55]《舊唐書·呂才傳》：「是以天子無父，事三老也。」[56]茲據以擬補。

〔2〕 ☒☒ 前一字存右邊殘畫，後一字殘去左上角，均不能辨其為何字。

〔3〕 ☒ 此字過於潦草，難以辨認。

〔4〕 「厝」為「庿」之形誤字。

〔5〕 「妄」為「忘」之音誤字。

（原載饒宗頤主編《敦煌吐魯番研究》第 13 卷，上海古籍出版社 2013 年版）

---

55　（唐）魏徵：《群書治要》卷九《孝經》，古典研究會叢書《漢籍之部》第 9 卷，汲古書院 1989 年版，第 537 頁。

56　《舊唐書》卷七十九《呂才傳》，第 2723 頁。

# 敦煌本《周易》寫卷的學術價值

　　《周易》本是占筮書，其用途是探究天地奧妙，預測吉凶禍福。古人迷信，遇事就請示神靈。殷人用甲骨占卜，周人用蓍草占筮[1]。占卜記錄下來的就是我們現在看到的商朝時的甲骨文所記載的內容，占筮記錄下來的就是筮辭。《周易》是根據筮辭編選而成的一部供占筮者使用的參考書。

　　《周易》一書由《易經》和《易傳》兩部分組成。《易經》的基本內容就是六十四卦及其卦辭、爻辭。《彖》、《象》、《繫辭》各分上下，加上《文言》、《說卦》、《序卦》、《雜卦》，一共十篇，是用來解釋《易經》的，所以叫做「傳」，稱為《易傳》。

　　秦始皇焚書，《周易》因為被列為卜筮之書，從而逃過了大火焚燒的厄運而得以保存下來。據《史記・仲尼弟子列傳》和《漢書・儒林傳》記載，自孔子傳《易》給商瞿，六傳而至於田何。田何二傳至田王孫，田王孫傳於施讎、孟喜、梁丘賀，稱為「施、孟、梁丘之學」；

---

1　（宋）朱熹《周易本義・筮儀》對占筮方式有詳細的介紹。

孟喜傳於焦延壽，焦傳於京房，於是又有「京氏之學」。施、孟、梁丘之學與京氏之學均為今文經學，立為博士。流傳於民間的以費直、高相為代表的學派屬於古文經學系統，未立博士，乃民間易學，稱為「費氏易」。

孟喜、京房等的今文經學解《易》特別注重象數，以陰陽奇偶之數和八卦所象徵的物象解說《周易》，並同當時的天文曆法相結合，以卦氣說解釋《周易》原理[2]。由於今文《易》章句煩瑣，故至東漢末趨於式微，而費氏之學大盛。而傳費氏《易》者，也受了京氏之學的影響。鄭玄傳費氏《易》，雖屬古文經學，但他又精通今文經學，故綜合今古文而作《周易注》，時雜象數、爻辰之說。

魏晉南北朝時期易學的特色是摒棄漢《易》的煩瑣學風和象數之說，而將《周易》與老莊玄學相結合，形成了玄學義理學派，其代表人物有王弼和韓康伯。

王弼亦主費氏，然別於鄭玄，而是摒棄災異、象數之說，援老莊入儒，以義理說經，遂「排擊漢儒，自標新學」[3]。他的《周易注》注解了《易經》和《彖》、《象》、《文言》等傳，而未注《繫辭》。韓康伯注了《繫辭傳》、《說卦傳》、《序卦傳》和《雜卦傳》，以補王注之缺。王弼、韓康伯的《周易注》逐漸取代漢以來諸家《易》說，後人將它與《老子》、《莊子》合稱「三玄」。《隋書‧經籍志》說，南朝的梁、陳時，鄭玄、王弼的《周易注》，都列於國學。到隋朝時，王弼注

---

2　鄭萬耕：《〈周易〉說略》，《經史說略‧十三經說略》，北京燕山出版社 2002 年版，第 6 頁。

3　（清）永瑢等撰：《四庫全書總目》卷一《經部‧易類一》「周易正義十卷」條，中華書局 1965 年版，第 3 頁。

本盛行，而鄭玄注乏人傳授，幾乎亡滅[4]。到唐朝，孔穎達將王、韓之注合在一起，作《周易正義》，孔氏在序言中說：「唯魏世王輔嗣之注，獨冠古今。所以江左諸儒，並傳其學。河北學者，罕能及之⋯⋯今既奉勑刪定，考察其事，必以仲尼為宗；義理可詮，先以輔嗣為本。」[5]從此以後，王弼之注，定於一尊。現在通行的《十三經注疏》所收即此本。

藏經洞出土有關《周易》的寫本共有 24 號[6]，分別為王弼《周易注》、孔穎達《周易正義》、陸德明《周易釋文》。《周易正義》、《周易釋文》所依據的文本就是王弼《周易注》，所以說敦煌寫本獨尊王注[7]。而這些寫本基本為唐五代抄本，反映了唐五代時期《周易》在敦煌的流傳情況。

## 一、《周易》寫本的文本特點

今所能見到的完整的王弼本《周易》經文，是刻於唐文宗開成年間（836-840）的《唐石經》，而敦煌《周易》寫本基本上是唐寫本，其中有些則為唐前期的抄本，這對於王弼本《周易》傳本型式的研究，無疑是值得重視的材料。

---

4　（唐）魏徵、令狐德棻撰：《隋書》卷三十二《經籍志一》，中華書局點校本 1973 年版，第 913 頁。

5　《周易正義》孔穎達《序》，第 2 頁。

6　許建平：《敦煌經籍敘錄》對其中 23 號有介紹（第 36-66 頁）；黃亮文：《敦煌經籍寫卷補遺——以〈俄藏敦煌文獻〉第 11 至 17 冊為範圍》補充 Дx.12638 號（《敦煌吐魯番研究》第 11 卷，上海古籍出版社 2009 年版，第 339 頁）。

7　黃忠天：《敦煌周易王弼注殘卷的學術背景與價值》，《高雄工商專學報》第 25 期，1995 年 12 月。

### （一）王弼《周易注》的分卷

《隋書·經籍志》「周易類」有「《周易》十卷」一種，其中包括王弼所注《六十四卦》六卷，韓康伯注《繫辭》以下三卷，加上王弼的《易略例》一卷[8]。《舊唐書·經籍志》「易類」有「《周易》十卷，王弼、韓康伯注」[9]，《新唐書·藝文志》「易類」有「王弼注《周易》七卷」。《唐石經》所收《易經》部分的內容六卷[10]，正與《隋書·經籍志》、《舊唐書·經籍志》所言同。《新唐書·藝文志》言「七卷」[11]，指《六十四卦》六卷、《易略例》一卷，實與《隋志》、《舊唐志》所言同。

P.2530 存《噬嗑卦》至《離卦》，尾題「周易卷第三」；P.2532 存《解卦》、《損卦》、《益卦》，尾題「周易第四」；S.6162 存《咸卦》、《恒卦》，首題「周易卷第四」；P.3640 存《益卦》、《夬卦》，《益卦》殘存一行，第二行為「周易下經卷第四」七字，實為第四卷之尾題，而《益卦》正是第四卷最後一卦，第三行為「周易卷第五」三字，乃第五卷之首題，此寫本卷四、卷五兩卷連書。以上諸寫本的分卷與《唐石經》同，與《十三經注疏》本亦同。

S.9219 存七殘行，第一行為《蒙卦》末行「順也」二字，第二行即為《需卦》首行。《十三經注疏》本《蒙卦》在乾傳卷一，《需卦》在需傳卷二。寫本《蒙卦》與《需卦》間並沒有卷題，可見《蒙卦》、《需卦》在同一卷之中，《唐石經》中《蒙卦》、《需卦》亦均在乾傳卷一。

---

8　《隋書》卷三十二《經籍志一》，第 909 頁。

9　《舊唐書》卷四十六《經籍志上》，第 1967 頁。

10　《唐石經》所錄雖僅經文，但卷題之下有「王弼注」三字，可知所據即王弼《周易注》，只是刪除了注文而已。

11　（宋）歐陽修、宋祁撰：《新唐書》卷五十七《藝文志一》，中華書局點校本 1975 年版，第 1424 頁。

可知 S.9219 的分卷與《唐石經》同，而與現在通行的《十三經注疏》本不同。

　　P.2530、P.2532、S.6162、P.3640 諸寫本或首殘尾全，或首全尾殘，不知其全貌若何。但從 P.3640 的情況看，當時抄寫《易經》並不是以卷為單位的。S.6162 卷首有書名標籤，上題「周易卷」三字，而沒有注明第幾卷，或許這件寫本所抄的並不止一卷。

　　**（二）王弼《周易注》寫本的書寫形式**

　　《周易注》寫本由於有王弼注文，與《尚書》、《詩經》、《左傳》、《論語》等其他經注本的書寫格式相同，都是經傳單行大字，注文雙行小字。但《周易注》每卦的書寫形式卻有兩種：

　　(1) 每卦提行書寫，卦首抬高一格，寫「某下某上」四小字，次畫卦體，再次言卦名，如 P.2530、S.5992。P.2530 自《賁卦》至《頤卦》凡卦體皆用朱書，《大過》卦以後諸卦在朱書卦體上又用墨筆重寫，朱書者筆劃極細，墨筆筆劃極粗。從 IDP 網站上的彩色掃瞄件看，朱書顏色很淡，幾乎不可辨認，這可能就是後人要在寫卷上用墨筆重寫的原因。

　　(2) 每卦提行書寫，先畫卦體，與各行相齊，次寫「某下某上」四小字，再次言卦名，如 P.2616、P.3683、P.2532、P.2619。

　　第二種書寫形式與《唐石經》及傳世刻本相同，亦與 P-2617《周易經典釋文》同。

　　這兩種書寫形式哪種是原貌，由於資料缺乏，無法證實。但敦煌本《左傳》寫卷，經傳二字多提行高一格書寫，如 P.2509、P.2562、S.85 等寫卷，與《周易注》的第一種書寫形式相同，可為我們探討群經早期的書寫形式提供思路。

## 二、《周易經典釋文》為陸德明《經典釋文・周易音義》的 單行本

S.5735+P.2617《周易經典釋文》，起《泰卦》至卷末，是一件三百二十六行的長卷。《周易經典釋文》是陸德明《經典釋文》的《周易》部分音義。

《周易經典釋文》寫卷是今所能見到的最早的《經典釋文・周易音義》材料，它不僅抄寫時間早（唐玄宗開元二十六年〔738〕），而且所存內容多（占《周易釋文》全部內容的六分之五），對於《經典釋文》文本的研究具有重要的價值。

陸德明《經典釋文・序錄》云：「輒撰集五典、《孝經》、《論語》及《老》、《莊》、《爾雅》等音，合為三袟，三十卷，號曰《經典釋文》。」[12]是書為《周易》、《尚書》、《詩經》、《周禮》、《儀禮》、《禮記》、《左傳》、《公羊傳》、《穀梁傳》、《孝經》、《論語》、《老子》、《莊子》、《爾雅》十四部書的經文及注解裡的難字作了注音及釋義，並以「音義」名之，如《周易音義》、《尚書音義》等，北京國家圖書館藏宋刻宋元遞修本（上海古籍出版社 1985 年影印本）及清徐乾學通志堂本（中華書局 1983 年影印本）皆如此。

但宋朝王應麟在《玉海》中把《尚書釋文》與《古文尚書音義》並稱，《爾雅音義》與《爾雅釋文》並稱[13]，可見陸德明所稱的「音義」，又可稱為「釋文」。

陳振孫《直齋書錄解題》中有「《周易釋文》一卷」、「《尚書釋文》

---

12　《經典釋文》卷一《序錄・序》，第 1 頁。

13　（宋）王應麟：《玉海》卷四十三《藝文》「開寶校釋文」條，江蘇古籍出版社、上海書店 1987 年版，第 812-813 頁。

一卷」、「《毛詩釋文》二卷」、「《古禮釋文》一卷」、「《周禮釋文》二卷」、「《禮記釋文》四卷」、「《三傳釋文》八卷」、「《論語釋文》一卷」、「《爾雅釋文》一卷」等條目[14]，可知《經典釋文》中的各經「音義」多有單行本行世，而單行本多用「釋文」二字命名，這些單行本始見於宋人著作，而在唐人書中則未見，《舊唐書·經籍志》及《新唐書·藝文志》也只著錄《經典釋文》，而沒有單行本的記載。這件抄於唐玄宗開元二十六年（738）的 S.5735+P.2617 寫本，尾題「周易經典釋文一卷」，是今所見以「釋文」二字命名單行本的最早實物，可見以「釋文」二字命名《經典釋文》諸經音義單行本的做法並非宋人首創，早在唐朝即已如此。虞萬里《〈經典釋文〉單刊單行考略》一文對《經典釋文》諸音義的單刊始末有較詳細的考證[15]，可以參看。

## 三、《周易注》寫本的校勘價值

敦煌本《周易》寫卷是今所見最早的王弼《周易注》文本，對於糾正傳本的訛誤，探尋王弼注本的原貌，具有重要的參考價值。我們略舉二例為證，即可明瞭。

《大過·九二》爻辭「枯楊生稊」[16]，毛居正《六經正誤》認為

---

14　（宋）陳振孫撰，徐小蠻、顧美華點校：《直齋書錄解題》卷一《易類》，卷二《書類》、《詩類》、《禮類》，卷三《春秋類》、《語孟類》、《小學類》，上海古籍出版社 1987 年版，第 4、28、35、41、44、47、54、72、86 頁。

15　虞萬里：《〈經典釋文〉單刊單行考略》，《語言研究》1994 年增刊；此據《榆枋齋學術論集》，江蘇古籍出版社 2001 年版，第 732 頁。

16　《周易正義》卷三《大過卦》，第 70 頁。

「稊」應作「梯」[17]，「梯」是稚的意思，即新生的枝條。毛居正之所以會得出這個結論，是因為他認為《說文》沒有「稊」字，但有「梯」字，既然東漢時編的《說文》沒有「稊」字，說明「稊」這個字當時還沒有產生，所以他認為「稊」一定是「梯」的誤字。而「梯」其實就是「荑」的通假字，因為陸德明《周易釋文》說鄭玄《周易注》作「荑」[18]。P.2530號寫本正作「梯」，可以證明毛居正的推測是正確的。

《剝卦・六四》爻辭「剝牀以膚，凶」王弼注「初二剝牀，民所以安，未剝其身也」[19]，王弼所說的「初二」，就是初六爻與六二爻，初六爻的爻辭為「剝牀以足，蔑貞凶」，六二爻的爻辭為「剝牀以辨，蔑貞凶」，足、辨皆牀的一部分。六四爻辭為「剝牀以膚，凶」，膚亦牀的一部分。足為牀足，辨為牀頭，膚為牀面，人臥牀，貼在牀面上，剝到牀面，接近人身，所以說凶[20]。初六、六二所剝者不是牀，而是牀足、牀頭，P.2530號寫本作「初二剝」，沒有「牀」字，是正確的。


## 四、《周易》寫本與敦煌本地文化

敦煌藏經洞發現大批中古時期文獻，說明當時這裡的教育相當發達。自漢以來，敦煌即已納入中原王朝版圖，受到中原文化的影響極為深遠。當地的教育，既沿襲中原傳統的教育內容，但也具有濃郁的地方色彩。

---

17　（明）毛居正：《六經正誤》卷一《周易正誤》，康熙十九年《通志堂經解》本，第4頁。

18　《經典釋文》卷二《周易音義・周易上經噬嗑傳第三・大過卦》「稊」條，第24頁。

19　《周易正義》卷三《剝卦》，第64頁。

20　尚秉和：《周易尚氏學》，中華書局1980年版，第120-121頁。

### （一）《周易注》與敦煌的術數文化

藏經洞所出二十一件《周易注》寫本屬於王弼所注六十四卦即《易經》文本，沒有韓康伯作注的獨立成篇的《繫辭》、《說卦》、《序卦》、《雜卦》諸傳。敦煌《周易》寫卷中以王弼《周易注》獨領風騷，個中原因是什麼呢？黃忠天認為是由於三玄思想最能比附佛教經義，因而援老人儒的王弼《周易注》遂獨步西域[21]。這可以用來解釋《周易》獨存王弼注的現象，但不能用來解釋為何《尚書》獨存偽古文、《詩經》獨存《毛傳鄭箋》、《左傳》獨存杜預《集解》。可見，黃氏的解釋仍有可議之處。

《周易》位列諸經之首，王弼《周易注》是唐朝科舉考試中的考試文本，當時敦煌人學習《周易》，不排除這是學校教育的一項重要內容。P.2721《雜抄》云：「何名九經？《尚書》、《毛詩》[22]、《周易》、《禮記》、《周禮》、《儀禮》、《公羊》、《穀梁》、《左傳》。」這就是唐時科舉考試所規定的九經[23]。但敦煌人學習《周易》，恐怕更多的是占卜的因素。S.133《秋胡小說》中言秋胡為了功名，外出求學，所帶圖書「並是《孝經》、《論語》、《尚書》、《左傳》、《公羊》、《穀梁》、《毛詩》、《禮記》、《莊子》、《文選》」，其中沒有提到《周易》。可見當時人並不把《周易》作為重要的科舉考試科目來看。而且王弼《周易注》寫卷中不見獨立成篇的有極強哲理色彩的《繫辭》、《說卦》、《序卦》、《雜卦》諸傳，這應與敦煌當地廣泛流行占卜有關係。敦煌寫卷中有大量的占卜文書，黃正建《敦煌占卜文書與唐五代占卜研究》收錄有二百

---

21　黃忠天：《敦煌周易王弼注殘卷的學術背景與價值》，《高雄工商專學報》第 25 期，1995 年 12 月。

22　「詩」原作「書」，因敦煌方音止、遇二攝常混，故誤「詩」作「書」。

23　《新唐書》卷四十四《選舉志上》，第 1160 頁。

二十六件[24]，其中運用《周易》六十四卦占卜的文書如《易三備》等即有十三件，其他與《周易》卦象有關的如《靈棋卜法》、《李老君周易十二錢卜法》、《周公卜法》等亦為數不少。S.9502《孔子馬頭卜法》的序中説：「凡陰陽卜筮，易道為宗。」可知當時人將《周易》看做占卜的基礎。《周易》本為占筮之書，很多占卜書運用《周易》象數學的理論以預測吉凶，占斷禍福。有人認為，敦煌寫本中運用《周易》六十四卦占卜的卜法類的數術書，是敦煌民間卜卦先生「賣弄了一下他們所知的《易經》之卦名，用來矇騙那些無知識的敦煌百姓，故作玄奧，實際上與具有深奧哲理的《易經》卦詞沒有連繫」[25]，這是完全沒有理解《周易》與後代出現的占卜文獻源流演變的關係。黄正建認為，《周易》雖然是儒家經典，但唐人更願意把它與旁門左道連繫起來，因此大思想家中的研究者很少[26]。由此我們聯想到，阜陽漢簡《周易》的卦、爻辭之後，接寫不少卜辭，説明漢時是把《周易》作為卜筮之書使用的實用本子[27]。敦煌當地人學習王弼《周易注》，本質上極有可能是為了更好地學習與理解易占、卜法之類的占卜方法。

### （二）《周易經典釋文》寫本所反映的唐代科舉及其實用性原則

P.2617《周易經典釋文》寫本卷末有題記五行：

1. 開元廿六年九月九日於蒲州趙全岳本寫此年八月七日

2. 勅簡過放冬集　勅頭盧濟甲頭張抒又奉十二日

3. 勅放春選差御史王佶就軍試　勅頭陳令祖

---

24　黄正建：《敦煌占卜文書與唐五代占卜研究》，學苑出版社 2001 年版，第 219 頁。

25　高國藩：《敦煌古俗與民俗流變——中國民俗探微》，河海大學出版社 1989 年版，第 27 頁。

26　參見張弓主編《敦煌典籍與唐五代歷史文化》，中國社會科學出版社 2006 年版，第 977 頁。

27　韓自強：《阜陽漢簡〈周易〉研究》，上海古籍出版社 2004 年版，第 96 頁。

4. 己卯開元廿七年正月十七日在新泉勘音並易一遍

5. 五月廿五日於晉州衛杲本寫指例略

謂於「開元廿六年九月九日於蒲州趙全岳本寫」，又於「開元廿七年正月十七日在新泉勘音並《易》一遍」，並且在「五月廿五日於晉州衛杲本寫《指例略》」。

據此可知，此寫卷分兩次抄寫，《易經》部分的音義據趙全岳本抄寫，王弼《周易略例》的音義部分據衛杲本抄寫，而且《易經》部分的音義又重新據《周易》經文對勘過。蒲州及晉州在開元時皆屬河東道（今山西省境內），則此抄寫人可能是河東道人（即今所謂山西省人），而其抄寫此《周易經典釋文》的目的，姜伯勤認為是一個應試者為準備科舉考試而抄的。抄寫人是正在準備科舉考試的考生，所以將該年貢舉有關敕令附錄在後面。開元廿六年八月七日敕令批准盧濟等人「冬集」。所謂「放」即敕準；所謂甲頭，是被批準人中，在呈奏文時同甲呈奏的一甲之首名。進士、明經諸科應試者人數眾多，根據敕令，有的考生是必須「冬集」的，「冬集」即是「孟冬之月，集於京師」，但還有一部分不須冬集的，稱為「授散」[28]。

這個寫本是在唐朝的河東道，即現在山西省境內抄寫的，與敦煌遠隔千里之遙，它是怎麼流入敦煌的？關於這個問題，現在還沒有一個明確的答案。池田溫先生曾說過：

流傳到敦煌的唐前期的中原寫本有百件以上，其中不僅有內典，還有道經、儒教經典、律令等多種寫本。多數的官寫經、官寫本中明記了書寫人的名氏，現在所知的就有門下省、弘文館、祕書省等處的

---

28　姜伯勤：《敦煌社會文書導論》，新文豐出版公司 1992 年版，第 120-121 頁。

書寫人在咸亨至儀鳳年間所寫的《法華經》、《金剛經》等。……這樣
的中原資料是怎麼到了敦煌的，這還是一個謎，但一般來說這也反映
了當時交通和人員往來的頻繁。[29]

　　但對於這份實用性很強的科舉應試材料，通過它與傳本的比較，
分析它所刪削或增加的內容，對於我們了解當時科舉考試某些科目及
其要求可能會有很好的參考作用。

　　這個《周易經典釋文》寫卷抄寫於盛唐時的玄宗朝，是迄今所知
《周易釋文》的最早寫本，為考查《釋文》原貌提供了線索和資料。但
它的刪削也相當嚴重，從其刪削的情況看[30]，這份寫卷的實用性很大，
完全是為了閱讀《周易》而作，不僅刪除了大量與理解《周易》經傳
無關的內容，而且還添加了一些原本《釋文》所沒有的條目[31]。當然，
這樣的做法是完全可以理解的，陸德明撰著《經典釋文》時，目的是
編輯諸經的輔助教科書，是從學子角度而非從經學家的角度來編的[32]。
使用此書的人，為了自己的方便進行適當的增刪改削，也是合理的。

（原載《敦煌研究》2014 年第 3 期）

---

29　池田溫：《敦煌文書的世界》，中華書局 2007 年版，第 38-39 頁。

30　説詳許建平《敦煌經籍敘錄》，第 64-65 頁。

31　參許建平《唐寫本〈周易經典釋文〉校議》，見《出土文獻研究〉》第 7 輯，上海古
　　籍出版社 2005 年版。

32　曾榮汾：《〈經典釋文〉編輯觀念析述》，《潘重規教授百年誕辰紀念學術研討會論文
　　集》，臺灣師範大學國文系 2006 年版，第 99 頁。

# 關於傅斯年圖書館所藏《周易正義》寫卷

　　臺北「中央研究院」傅斯年圖書館收藏有敦煌寫卷四十九件，其中編號 06 者為《周易正義》殘卷，《傅斯年圖書館藏目錄》著錄如下[1]：

周易正義　　　殘卷／（唐）孔穎達撰
版本項　　　　唐人寫手卷，敦煌卷子
稽核項　　　　1 卷；26 公分（手卷裝）
附注　　　　　原紙淨長四十公分，高二十八公分
　　　　　　　排架號：7-5-3

最早對此寫捲進行研究的是黃彰健先生，他於一九七一年五月在《大陸雜誌》第四十二卷第九期發表《唐寫本週易正義殘卷跋》一文，根

---

1　此著錄摘自鄭阿財《臺北「中研院」傅斯年圖書館藏敦煌卷子題記》，《慶祝吳其昱先生八秩華誕敦煌學特刊》，文津出版社 2000 年版，第 361 頁。

據寫卷面貌，對孔穎達《周易正義》原本的體裁與格式作了考證，並在文後附錄寫卷原件影本。不過，由於印刷與版面的原因，影本的質量不佳，不能據以釋讀原文。

　　二〇〇一年十一月，筆者應臺灣中正大學鄭阿財教授邀請，赴臺參加「二十一世紀敦煌學學術研討會」。會議安排十一月七日上午，參觀傅斯年圖書館所藏敦煌寫卷，因而有幸目睹了《周易正義》寫卷的原貌，由於參觀時間的限制，不及抄錄。當天下午，得「中央研究院」文哲研究所林玫儀教授的幫助，在傅斯年圖書館抄錄了寫卷全文[2]。

　　寫卷殘存《周易正義》中《賁卦》的部分內容，起《象辭》正義「以亨之與賁相連而釋」之「連」字，至《六五》正義「亦無待士之文」之「之」，共三十二行，行四十字左右。鄭阿財先生定名為《周易正義・賁卦》[3]，可從。

　　《傅斯年圖書館藏目錄》定此寫卷為敦煌卷子。黃彰健在文中介紹，此殘卷是抗戰勝利後，「中央研究院」歷史語言研究所在北平（今北京市）買到的，當是根據史語所的有關記載。而進一步的詳情，則不得而知。

　　一九一七年九月十七日羅振玉有一封致王國維的信，筆者以為它對我們了解李盛鐸藏卷的內容有著重要的價值，今將相關內容移錄於下：

　　　弟前日往看李木齋藏書，敦煌卷軸中書籍，有《周易》單疏（賁

---

2　附記：原文發表時附有錄文，但此寫卷照片已見諸「傅斯年圖書館敦煌文獻」網站，而且方廣錩主編的《「中央研究院」歷史語言研究所傅斯年圖書館藏敦煌遺書》亦已於2013年由「中央研究院」歷史語言研究所正式出版，故不再附錄文。

3　鄭阿財：《臺北「中央研究院」傅斯年圖書館藏敦煌卷子題記》，第361頁。

卦），有《左傳》，有《尚書》（帝典），有《本草序列》，有《開蒙要訓》，有《史記》（張禹孔光傳），有《莊子》（讓王篇），有《道德經》，有七字唱本（一目連救母事，一記李陵降虜事），有度牒（二紙，均北宋初），有遺囑。卷中印記，有歸義軍節度使新鑄印。其寫經，有甘露二年（當是高昌改元）、麟嘉四年（後涼呂光）及延昌、大統、景明、開皇、貞觀、顯慶、儀鳳、上元、至德、天寶、證聖、乾寧等。其可補史書之缺者，有敦煌太守且渠唐光之建始二年寫《大般涅槃經》，其《華嚴經》有《志立安樂經》及《宣元本經》（其名見《三藏蒙度贊》[4]中），以上諸書乃木齋所藏。渠言潛樓藏本有《劉子》。以上諸書頗可寶貴，恨不得與公共一覽之也。[5]

文中所列第一件寫卷「《周易》單疏（賁卦）」，即此傅斯年圖書館藏卷無疑，據此可知寫卷確為藏經洞之物而為李盛鐸所竊者[6]。

　　黃彰健《唐寫本週易正義殘卷跋》以宋刻單疏本《周易正義》與殘卷對勘，發現殘卷記經文、注文起訖所用字多較單疏本為繁，因而推測孔穎達《周易正義》原本對經文及注文並不省略，而是抄錄全文。蘇瑩輝《略論五經正義的原本格式及其標記經、傳、注文起訖情形》則認為英藏《毛詩正義》及法藏《春秋左傳正義》均以朱書標傳、注

4　當是《三威蒙度贊》，蓋排印之誤。

5　長春市政協文史和學習委員會編，王慶祥、蕭立文校注，羅繼祖審訂：《羅振玉王國維往來書信》，東方出版社 2000 年版，第 470 頁。

6　鄭阿財《臺北「中研院」傅斯年圖書館藏敦煌卷子題記》云：「（中研院史語所）民國十八年，由廣州遷北平；九一八事變後由北平遷設上海。此一期間，正逢前清文士收藏敦煌寫卷紛紛散出，當是蒐購之時機。正如中央圖書館所藏敦煌卷子一樣，大部分是抗戰期間及抗戰勝利後在上海、北京等地蒐購所得。」（《慶祝吳其昱先生八秩華誕敦煌學特刊》，第 401 頁）此卷可能是李盛鐸去世（1935 年）後，其子女散出者。

起止，因而此注語偶出全文和記經注起迄所用的字數較繁的《周易正義》殘卷未必為原本《正義》，而且「其紙張的厚度，既不及敦煌所出一般唐、五代的卷子，色澤又不類初、盛唐寫本；但就書體言，似不能晚於五代」[7]。準之兩氏所論，筆者以為蘇說較勝。今所見 S.498《毛詩正義》及 P.3634V＋P.3635V《春秋左傳正義》皆經、注朱書，正義墨書；而此《周易正義》殘卷經、注、正義皆墨書，似已非原本舊式。殘卷「治」字不諱；「棄」均寫作「弃」，然「婚」或寫作「婚」，「媾」寫作「姤」，皆為避唐太宗「世」、「民」二字之諱而成之別體[8]。此等避諱情形，在敦煌寫卷中，應屬較晚時期的抄本。

此卷雖字畫端正，行款清晰，然訛誤衍脫之處極多，乃久經傳抄之本，已非孔氏《正義》之朔。黃彰健謂其「別風淮雨，觸目皆是」，並無誇飾，此不贅述。

但這是敦煌寫卷中唯一一件《周易正義》殘卷，也是迄今所能見到的最早的孔穎達《周易正義》的抄本，雖僅存一千餘字，然其勝處不鮮，極具校勘價值。


## 一、可證成宋刻單疏本之善

現存最早的《周易正義》刊本為宋刻《周易正義》單疏本[9]，而最通行的則是阮元收入《十三經注疏》中的宋刻《周易正義》注疏本[10]。

---

7　蘇瑩輝：《敦煌論集續編》，臺灣學生書局 1983 年版，第 82 頁。

8　可參竇懷永、許建平《敦煌寫本的避諱特點及其對傳統寫本抄寫時代判定的參考價值》（《敦煌研究》2004 年第 4 期）的相關論述。

9　此書今收入《續修四庫全書》（第 1 冊），上海古籍出版社 1995 年版，第 167-279 頁；傅增湘跋語考定為南宋紹興刊本（《續修四庫全書》第 1 冊，第 281 頁）。

10　此據中華書局 1980 年影印本。

單疏本有別於注疏本者，或可據寫卷證成其善。

1. 分剛上而文柔，故小利有攸往者，釋小利有攸往義。

注疏本前一「往」作「住」，無「者」字。

阮元《周易校勘記》云：「『住』當作『往』，閩、監、毛本不誤。錢本、宋本下有『者』字。」[11]李申、盧光明校云：「依文意，有『者』字為宜，據補。」[12]並且據《校勘記》改「住」為「往」。寫卷正與單疏本同。

2. 十月純陰用事，陽在其中，薺、麥生也。

注疏本「薺」作「齊」。

《校勘記》云：「閩、監、毛本同，錢本、宋本『齊』作『薺』，是也。」案：《淮南子・天文》云：「五月為小刑，薺、麥、亭歷枯。」即作「薺」。寫卷亦作「薺」。

3. 坤性柔順，不為物首，故以己上六下居乾之二位也。

注疏本「物首」作「順首」。

《校勘記》云：「閩、監、毛本同，錢本、宋本『順』作『物』。」點校本云：「依文意，作『物』字為宜，據改。」[13]案：寫卷作「物首」，可證單疏本之善。

4. 以理庶政，故云山下有火賁也。

注疏本無「下」字。

《校勘記》云：「毛本作『山下有火賁』也，案所加是也。」寫卷正有「下」字。

---

11　據中華書局 1980 年影印阮刻本《十三經注疏》，第 44 頁。以下簡稱「《校勘記》」。

12　李學勤主編：《十三經注疏》（點校本）之《周易正義》，北京大學出版社 1999 年版，第 104 頁。以下簡稱「點校本」。

13　李學勤主編：《十三經注疏》（點校本）之《周易正義》，第 105 頁。

5.賁其須者，須是上附於面。

注疏本「附」作「須」。

《校勘記》云：「毛本下『須』字作『附』，案『附』字是也。」寫卷亦作「附」，正與單疏本同。

6.或以文飾，故賁如也；或守質素，故皤如也。

注疏本「飾」作「絜」。

案：王弼注云：「故或飾或素，內懷疑懼也。」《正義》實據此句而釋爻辭也。賁，飾也；皤，素白也，故「或飾」而「賁如」，「或素」而「皤如」也。注疏本誤。寫卷亦作「飾」，與單疏本同。


## 二、可據以糾單疏本與注疏本之誤

典籍屢經傳抄，易滋訛誤，若無古本為證，則不易發現其誤。此卷雖非善本，然卻是今存最早之古本，故可據以糾後世刊本之誤者。

1.坤之上六，何以來居二位不居於初三；乾之九二，何以分居上位不居於五者。

寫卷無「初」字。

案：李鼎祚《周易集解》引荀爽曰：「此本《泰卦》。」[14]《賁卦》自《泰卦》來，《泰卦》下乾上坤，其上六來居二位，二位而居上六，則成《賁卦》。坤之上六，坤卦之極，其對應之爻乾三也；乾之九二，其對應之爻則為坤五也。今坤之上六下居乾二而不居乾三，因「坤性柔順，不為物首」也；乾之九二不居於坤五而居於上六，因「乾性剛

---

14 （清）李道平撰，潘雨廷點校：《周易集解纂疏》卷四《賁卦》，中華書局1994年版，第245頁。

亢」也。「初」字當是衍文。若該句作「何以來居二位不居於初三」，則下句為何不作「何以分居上位不居於四五」也？寫卷無「初」字，是也。

2. **勿得直用果敢，折斷訟獄。**

寫卷「訟獄」作「獄訟」。

案：兩刊本之《周易正義》「獄訟」一詞共出六次：

《訟卦・彖辭》「『訟有孚，窒惕中吉』，剛來而得中也」《正義》：「言中九二之剛，來向下體而處下卦之中，為訟之主，而聽斷獄訟。」

《訟卦・九五》爻辭「訟元吉」《正義》：「處得尊位，中而且正，以斷獄訟，故得元吉也。」

《訟卦・九五》爻辭「訟元吉」王注「處得尊位，為訟之主」《正義》：「居九五之位，當爭訟之時，是主斷獄訟者也。然此卦之內，斷獄訟之人，凡有二主。」

《豐卦・象辭》「君子以折獄致刑」《正義》曰：「君子法象天威而用刑罰，亦當文明以動，折獄斷決也。斷決獄訟，須得虛實之情；致用刑罰，必得輕重之中。」

《旅卦・象辭》「君子以明慎用刑而不留獄」《正義》：「故君子象此以靜止明察審慎用刑而不稽留獄訟。」

作「訟獄」者唯此一處，且此處寫卷亦作「獄訟」，可知孔穎達習用「獄訟」一詞，刊本作「訟獄」者，誤倒也。

3. **若似賁飾其須也。**

寫卷「若似」作「似若」。

　　案：兩刊本之《周易正義》「似若」一詞共出五次[15]：

　　《乾卦・九四》爻辭「或躍在淵」《正義》：「陽氣漸進，似若龍體欲飛。」

　　《坤卦・初六》爻辭「履霜堅冰至」《正義》：「陰氣之微，似若初寒之始。」

　　《噬嗑卦・彖辭》「柔得中而上行，雖不當位，利用獄也」王注「凡言『上行』，皆所之在貴也」《正義》：「既在五位而又稱上行，則似若王者，雖見在尊位，猶意在欲進。」

　　《剝卦・六五》爻辭「貫魚以宮人寵」《正義》：「駢頭相次，似若貫穿之魚。」

　　《大過卦・九二》爻辭「枯楊生稊，老夫得其女妻，無不利」王注「以稚分老，則枯者榮」《正義》：「謂女妻減少而與老夫，老夫得之，似若槁者而更得生稊。」

　　作「若似」者唯此一處，而且此處寫卷亦作「似若」，可知孔穎達習用「似若」一詞。雖然「似若」、「若似」在修辭方式上皆屬同義連文，其義相同，但我們仍可據此論定刊本作「若似」者乃誤倒。

　　以上三條，單疏本與注疏本均相同，唯敦煌本與之有別，阮元《周易校勘記》、孫詒讓《十三經注疏校記》[16]、汪文臺《十三經注疏校勘記識語》[17]亦均未提及有與注疏本不同之版本。若無此卷，不知何時能知刊本之誤？

　　鈐有李盛鐸藏書印的敦煌寫卷多有偽品，此卷「卷背有印，黏著

---

15　其中注疏本《大過卦・彖辭》「棟撓，本末弱也」《正義》：「以大過本末俱弱，故屋棟撓弱也，似若衰難之時始終弱。」單疏本「似若」作「以言」，故此條不計入內。

16　（清）孫詒讓撰，雪克輯點：《十三經注疏校記》，齊魯書社 1983 年版。

17　收入《續修四庫全書》183 冊，上海古籍出版社 1995 年版。

於裱背之紙，難以辨識」[18]，不知是否為李盛鐸所鈐藏書印？但李盛鐸自己沒有偽造敦煌寫卷，榮新江教授已有精到的論述[19]。一九一七年時羅振玉就已在李家看到了這件寫卷，我們可以說它也不可能是二十世紀三四十年代偽卷蜂出時期的偽造品。況且，以上所考寫卷所具有的校勘價值，也是一個非偽造品的有力證據。我們可以肯定地說，此卷絕非偽品，它就是來自藏經洞的一千多年前的真品。

（原載甘肅省博物館編《甘肅省博物館學術論文集》，三秦出版社2006年版）

18　鄭阿財：《臺北「中研院」傅斯年圖書館藏敦煌卷子題記》，第361頁。

19　榮新江：《李盛鐸藏卷的真與偽》，《敦煌學輯刊》1997年第2期。

# 唐寫本《周易經典釋文》校議

　　陸德明《經典釋文》「所採漢、魏、六朝音切，凡二百三十餘家，又兼載諸儒之訓詁，證各本之異同，後來得以考見古義者，注疏以外，惟賴此書之存，真所謂殘膏剩馥，沾溉無窮者也」[1]，然自《釋文》成書，歷經唐、宋、元、明諸朝展轉傳鈔翻刻，其去元朗舊貌，亦已遠甚。清儒如盧文弨、段玉裁、阮元、臧鏞等均肆力校勘，雖用力甚勤，而所獲難副，沒有隋唐古本可資依據，是創獲不多的主要原因。

　　二十世紀初，在敦煌藏經洞中發現了唐寫本《周易經典釋文》殘卷（伯希和編號 2617），立即引起了學術界的關注。一九一七年，羅振玉即將此卷在《鳴沙石室古籍叢殘‧羣書叢殘》中影印出版，並撰跋文，謂「取校今本，異同詳略甚多，不可勝舉」[2]。之後，馬敍倫、尚

1　《四庫全書總目》卷三十三《經部‧五經總義類》「經典釋文三十卷」條，第 270 頁。

2　羅振玉：《羅振玉校刊羣書敍錄》卷下《敦煌本易釋文殘卷跋》，江蘇廣陵古籍刻印社 1998 年版，第 202 頁。

秉和、羅常培、于大成、黃焯等皆曾對此卷作過考校[3]，其中尤以于大成之作最為詳贍，然難免有誤校、漏校之處。筆者曾在《敦煌音義匯考》中對寫卷作過校勘[4]，在今天看來，亦已不能使自己滿意。故又取國家圖書館藏宋刻宋元遞修本《經典釋文》[5]，與唐寫本詳加對勘，偶有一得之見，茲擷取若干例刊布之，敬祈方家誨正。

1. 繫辭　盈隸反（第 4 行）

「盈隸反」，宋本作「音係」。

羅常培云：「案《廣韻‧霽韻》『繫』『係』同古詣切，『隸』郎計切；惟『盈』屬喻紐以類，與『古』異紐，或為『蓋』字之訛。」于大成云：「『繫』字《集韻》吉詣切，此『盈』字似當為『吉』。然盈從夃皿，夃，《說文》引《詩》叚為姑，《玉篇》引《論語》叚為沽，夃、吉皆見母字，尚可通。」

案：此「繫辭」乃《大有卦‧上九》爻辭「自天祐之，吉無不利」句王弼注「爻有三德，盡夫助道，故《繫辭》具焉」句中文。《廣韻‧霽韻》「繫」音胡計切，匣紐；「盈隸反」乃喻紐霽韻，《釋文》喻匣不

---

3　馬敍倫：《讀書續記》卷二，北京市中國書店 1985 年據民國二十二年上海商務印書館排印本影印，第 29-30 頁。尚秉和為《續修四庫全書總目提要》撰《周易釋文一卷》提要，見《續修四庫全書總目提要‧經部‧易類》，中華書局 1993 年版（該書雖出版於 1993 年，但據《整理說明》，提要的撰寫是在 1931 至 1942 年間），第 25 頁。羅常培：《唐寫本經典釋文殘卷四種跋》，《清華學報》第 13 卷第 2 期，1941 年 10 月；後羅氏又於 1951 年在《國學季刊》第 7 卷第 2 期發表《唐寫本經典釋文殘卷五種跋》，內容與前文基本相同，只是增加了 S.5735《周易釋文》殘片的內容。于大成：《周易釋文校唐記》（上、下），《孔孟學報》第 29、32 期，1975 年 4 月、1976 年 9 月。黃焯：《經典釋文彙校》，中華書局 1980 年版。

4　張金泉、許建平：《敦煌音義匯考》，杭州大學出版社 1996 年版，第 27-60 頁。

5　本文所據者為上海古籍出版社 1985 年影印本，下簡稱「宋本」。

通用。況且《釋文》「繫辭」之「繫」凡出六次[6]，均作「音係」或「戶計反」，唯此處寫卷作「盈隸反」，則「盈隸反」當非德明原作。

　　2. □（惡）盈[7]　　烏路反注同（第6行）

　　　　所惡　　烏故反（第9行）

　　宋本「注同」前有「卦末」二字，無「所惡」條。

　　于大成云：「考王此處無注，唯上六象傳注云『未有居眾人之所惡』，有『惡』字，唐寫本彼處別出一條，今本無。」

　　案：「惡盈」乃《謙卦・彖辭》「人道惡盈而好謙」句中文，既然王弼無注，準之《釋文》通例，則不當言「注同」。《謙卦》「惡」字唯二見，另一處在《上六・象辭》「鳴謙，志未得也」王注「未有居眾人之所惡而為動者所害」句中，位於《謙卦》之末。《釋文》於此等情況，往往注為「卦末注同」，如《小過卦・九三》爻辭「弗過防之，從或戕之，凶」王注「至令小者或過，而復應而從焉」《釋文》「復，扶又反，卦末同」，《上六》爻辭「弗遇過之，飛鳥離之，凶，是謂災眚」王注正有「災自己致，復何言哉」句；《既濟卦・初九》爻辭「曳其輪，濡其尾，無咎」王注「雖未造易，心無顧戀，志棄難者也」《釋文》「難，乃旦反，卦末並下卦同」，《上六》爻辭「濡其首，厲」王注正有「過惟不已，則遇於難，故濡其首也」句。可知此乃《釋文》通例，而寫卷《小過卦》條無「卦末同」三字，《既濟卦》條「卦末並下卦同」

---

6　　其餘五次分別為：(1)《周易・繫辭上》》篇題「周易繫辭上第七」釋文：「周易繫，徐胡詣切，本系也。又音係，續也。」(2)《周易・繫辭上》「繫辭焉而明吉凶」釋文：「繫辭，音系。」（P.2617 第 216 行作「音係」）(3)《周易・繫辭下》「繫辭焉而命之」釋文：「繫辭，音係，卷內皆同。」(4)《周易・略例・辯位》「又繫辭但論三五二四，同功異位」釋文：「戶計反，下同。」(5) 杜預《左傳後序》「而無《彖》、《象》、《文言》、《繫辭》」釋文：「繫辭，戶計反。」

7　　寫卷「惡」字原殘，此據宋本補。

僅有「下同」二字，其刪削之痕明顯。此處寫卷作「注同」，當亦為手民刪去「卦末」二字而成。寫卷第九行「所惡」條音「烏故反」，乃為《上六・象辭》王注「未有居眾人之所惡而為動者所害」句作音。烏路、烏故音無別，既然其音無別，且上又有「注同」二字（「卦末」二字已為手民所刪），則不當再出此「所惡」條，其為後人添加無疑。

3. □（匪）解[8]　佳買反（第8行）

「佳買反」，宋本作「佳賣反」。

案：此《謙卦・九三》爻辭「勞謙，君子有終吉」王注「上承下接，勞謙匪解，是以吉也」句中文，「解」字當讀為「懈」。《廣韻・蟹韻》小韻「佳買切」下有「解」字，注云：「講也，説也，脱也，散也。」[9]《卦韻》小韻「古隘切」下有「解」字，注云：「除也。」又有「懈」字，注云：「懶也，怠也。」[10]解、懈古今字[11]。「解」之「懈怠」義《廣韻》已不收，而置於「懈」字下，故「古隘切」即「懈」之音也。「古隘切」與「佳賣反」同，而與「佳買反」韻有去、上之別。

《釋文》「解怠」之「解」讀作去聲，或作「佳賣反」，如《易・繫辭下》「通其變，使民不倦」王注「通物之變，故樂其器用，不解倦也」《釋文》：「解，佳賣反。」[12]《詩・檜風・素冠》「庶見素冠兮，棘人欒欒兮」鄭箋「時人皆解緩，無三年之恩於其父母」《釋文》：「解，佳

---

8　寫卷「匪」字原殘，此據宋本補。

9　《宋本廣韻》卷三《上聲・十二蟹》，第251頁。

10　《宋本廣韻》卷四《去聲・十五卦》，第363頁。

11　黃坤堯《音義闡微》云：「見紐去聲有怠惰義，早期文獻屢見；後世則孳乳為『懈』字。『懈』字案反切當音 jiè，惟後世則音 xiè，與唐代不同。《釋文》出『解』不出『懈』，注音達五十五次。惟今本亦出『懈』字八次，有工賣反、佳賣反、古賣反、工債反諸讀，義音全同；其中《尚書音義》六次，《孝經音義》、《論語音義》各一次，全屬後人篡改。」（上海古籍出版社1997年版，第197頁）

12　寫卷第255行亦作「佳賣反」。

賣反。」《詩‧大雅‧假樂》「不解于位」《釋文》：「解，佳賣反。」《周禮‧天官‧小宰》「三曰廉敬」鄭注「敬，不解于位也」《釋文》：「解，佳賣反。」或作「古賣反」，如《禮記‧祭統》「其勤公家，夙夜不解」《釋文》：「解，古賣反。」《公羊傳‧桓公八年》「疏則怠，怠則忘」何休注「怠，解」《釋文》：「解，古賣反。」或以今字「懈」為注，如《詩‧大雅‧常武》「王舒保作，匪紹匪遊」鄭箋「謂軍行三十里，亦非解緩也，亦非敖遊也」《釋文》：「解，音懈。」至如《易‧噬嗑》上九象辭「何校滅耳，聰不明也」王注「聰不明，故不慮惡積，至於不可解也」、《解卦》九二爻辭「田獲三狐，得黃矢，貞吉」王注「處於險中，知險之情，以斯解物，能獲隱伏也」、《詩‧小雅‧楚茨》「或剝或亨」鄭箋「箋有解剝其皮者」等，《釋文》皆音「解」為「佳買反」，均合於《廣韻》「佳買切」下「解」字之説解。是寫卷作「佳賣反」者誤也。

　　買、賣二字古易混。如《周禮‧地官‧賈師》「凡國之賣儥」鄭注「故書賣為買」[13]，即謂「賣」為「買」。敦煌寫卷中二字亦常混，如S.1475V《未年上部落百姓安環清賣地契》「今將前件地出買（賣）與同部落人武國子」[14]，謂「賣」為「買」；而 S.5820+S.5826《未年尼明相賣牛契》「如後有人稱是寒道（盜）識認者，一仰本主賣（買）上好牛充替」[15]，則謂「買」為「賣」。宋本亦有誤作「買」者，《周禮‧地官‧大司徒》「八曰以誓教恤，則民不怠」鄭注「憂之則民不解怠」[16]，此「解」字當讀作「懈」，宋本《釋文》誤作「佳買反」。

13　《周禮注疏》卷十五《地官司徒第二‧賈師》，第 227 頁。

14　沙知：《敦煌契約文書輯校》，江蘇古籍出版社 1998 年版，第 1 頁。

15　沙知：《敦煌契約文書輯校》，第 55 頁。

16　《周禮注疏》卷十《地官司徒第二‧大司徒》，第 151 頁。

　　寫卷第一百五十六行「解慢」條之音「佳買反」亦為「佳賣反」之誤，羅常培云：「案毛居正本注疏本『解』作『懈』，《廣韻》去聲卦韻『懈』『解』同古隘切，『懈』無上聲，故應以『賣』為切。」

　　4. 畜己　紀（第 57 行）

　　宋本無此條。

　　案：此乃《大畜》初九爻辭「有厲利已」王注「四乃畜己，未可犯也。故進則有厲，已則利也」句中文，孔穎達《正義》釋此句云：「初九雖有應於四，四乃抑畜於己。己今若往，則有危厲。唯利休已，不須前進，則不犯禍凶也。」[17]德明讀此「畜己」之「己」為「自己」之「己」，餘皆讀作「夷止反」，義為停止，故獨出「畜己」一條。宋本無者，當是脫漏所致。

　　5. 已則　夷止反（第 58 行）

　　宋本無此條。

　　于大成云：「考唐寫本《周易王注》初九象傳云：『處健之始，未果其進者也，故能已也』[18]；今本作『處健之始，未果其健者，故能利已』，則與今釋文本不合。又唐寫本有一條云：『已則，夷止反』，即此條所引之『已則』也，唯當在『畜己，紀』一條下，誤錯在下『輿』條之下。然可據以知今本《釋文》之多改篡併合，非元朗之舊矣。」

　　案：宋本《釋文》於「利已」條下注云：「下及注『已則』、『能已』同。」「下」者即《象辭》「有厲利已」也；注「已則」者，即「故進則有厲，已則利也」；注「能已」者，即「處健之始，未果其健者也，故能已也」[19]。阮刻本《周易正義》「能已」作「能利已」，阮元《周易

17　《周易正義》卷三《大畜卦》，第 68 頁。

18　「進」字當作「健」，P.2530 原寫作「進」，後改為「健」，于氏誤錄。

19　此據 P.2530，阮刻本作「處健之始，未果其健者，故能利已」。

校勘記》云：「岳本、閩、監、毛本同。案《釋文》『利已』下云：『注能已同。』此文作『能利已』，與《釋文》不合。」[20]則阮氏未見有作「能已」之異本。盧文弨認為今本「利」字為衍文[21]。據此可知，宋本《釋文》「利已」條下之「下及注『已則』、『能已』同」八字應未經人改篡，寫卷無此八字者，手民所刪也。既然《釋文》在「利已」條下已為「已則」作音，下不當再出「已則」一條。寫卷此條當是手民所添，《釋文》原本所無也。于氏以為此非「元朗之舊」，是以不誤為誤也。

　　6. 捁（第 60 行）

　　「捁」，宋本作「牿」。

　　案：此《大畜卦》六四爻辭「童牛之牿」句中文。《説文・告部》：「告，牛觸人，角箸橫木，所以告人也。《易》曰：『僮牛之告。』」[22]李鼎祚《周易集解》正作「告」[23]，《唐石經》初刻亦作「告」[24]，故李富孫《易經異文釋》、柳榮宗《説文引經攷異》、徐灝《讀書雜釋》皆認為作「牿」者誤文，當從《説文》作「告」[25]。《周禮・天官・內饔》「馬黑脊而般臂」鄭玄注「般臂，臂毛有文」賈公彦《疏》云：「鄭苦冷剛『童牛之牿』，牛在手曰牿，牛無手，以前足當之。」[26]《周禮・

20　（清）阮元：《周易校勘記》，《清經解》第 5 冊，上海書店 1988 年版，第 288 頁。

21　盧文弨：《經典釋文考證》云：「能已，注疏本作『故能利已』，衍『利』字。」（《續修四庫全書》第 180 冊，上海古籍出版社 1995 年版，第 195 頁）

22　《説文解字》二篇上《告部》，第 30 頁。

23　李道平：《周易集解纂疏》卷四《大畜》，第 279 頁。

24　嚴可均：《唐石經校文》卷一《易》：「告，磨改作牿。……今各本作牿，當從初刻。」（《景刊唐開成石經》第 4 冊，中華書局 1997 年版，第 2999 頁）

25　李富孫：《易經異文釋》，王先謙編《清經解續編》第 2 冊，上海書店 1988 年版，第 1316 頁；柳榮宗：《説文引經攷異》，《續修四庫全書》第 223 冊，上海古籍出版社 1995 年版，第 166 頁；徐灝：《讀書雜釋》，中華書局 1997 年版，第 1 頁。

26　《周禮注疏》卷四《天官冢宰第一・內饔》，第 62 頁。

秋官・大司寇》「桎梏而坐諸嘉石」鄭玄注「木在足曰桎，在手曰梏」
賈《疏》引鄭玄《易志》曰：「《大畜》六四『童牛之梏，元吉』。」[27]
是鄭玄注本《周易》作「梏」也[28]。戰國楚簡《周易》作「檡」[29]，馬
王堆出土帛書《周易》作「鞫」[30]，廖名春釋云：「『鞫』是『告』的同
義詞。」又云：「『檡』字從木，從口，從幸，當為『梏』字異體，『幸』
甲骨文象手梏之形，木表示手梏為木製，從口與『梏』從口同。」[31]是
楚簡亦作「梏」也。惠棟云：「《釋名》曰：『牛羊之無角者曰童。』《大
玄》云：『童牛角馬。』明童牛者無角之稱。童牛無角，是梏施於前
足。許、鄭二說近之，今作牿者非也。」[32]胡玉縉云：「鄭作梏，謂以
木係其足，當以鄭義為長。」[33]寫卷作「括」，應是「梏」之俗寫，因
敦煌寫卷扌、木常混用故也，是寫卷與鄭注本相同，亦作「梏」也。
陸德明《釋文》用王弼注本，則王注本原亦作「梏」也。

7.有喜　許意反（第60行）

宋本無此條。

案：此條蓋音《大畜卦》六四象辭「六四元吉，有喜也」句之
「喜」也。《賁卦》上九象辭有「六五之吉，有喜也」句，《釋文》出「有
喜」二字，注云：「如字，徐許意反。《無妄》、《大畜》卦放此。」寫

---

27　《周禮注疏》卷三十四《秋官司寇第五・大司寇》，第517頁。

28　（宋）王應麟輯《周易鄭注》即作「梏」（《續修四庫全書》第1冊，上海古籍出版
　　社1995年版，第87頁）。

29　廖名春：《上海博物館藏楚簡〈周易〉管窺》，《周易研究》2000年第3期。

30　馬王堆漢墓帛書整理小組：《馬王堆帛書〈六十四卦〉釋文》，《文物》1984年第3
　　期。

31　廖名春：《上海博物館藏楚簡〈周易〉管窺》，《周易研究》2000年第3期。

32　（清）惠棟：《九經古義・周易上》，阮元輯：《清經解》第2冊，上海書店1988年
　　版，第744頁。

33　胡玉縉：《許廎學林》卷一「易童牛之牿解」條，中華書局1958年版，第5頁。

卷與此同。依《釋文》通例，此處不必再出「有喜」二字。且陸氏「喜」讀如字，「許意反」者徐邈音也。此條應是手民所增。下行「有喜」條亦手民所增。邵榮芬《〈經典釋文〉音系》據寫卷補此兩「有喜」條[34]，誤。

　　宋本《釋文》在《大畜卦》六四出「童牛」、「牿」、「抑銳」、「強」、「爭」六條，分別為《爻辭》「童牛之牿」及王注「抑銳之始，以息強爭」作音，而寫卷在「抑銳」條前及「爭」條後分別插入兩條「有喜」，與今傳本王弼《周易注》之次序不同[35]。今本王注「抑銳」前無「有喜」二字，而在「以息強爭，豈唯獨利」後有注文「乃將有喜也」及《象辭》「六四元吉，有喜也」句。由寫卷之次序，可知其所據之本《象辭》緊接《爻辭》之後，而王弼注文置於《象辭》之後，非如今本在《象辭》之前。寫卷之前一「有喜」乃音《象辭》「有喜也」之「有喜」，後一「有喜」乃音王注「乃將有喜也」之「有喜」。

　　8. 溺　乃歷反（第69行）
　　　　喪　如字（第69行）
　　宋本出「淹溺」條，而無「喪」條。

　　案：《大過》九三爻辭「棟橈，凶」王注有「係心在一，宜其淹弱而凶衰也」句，阮元《周易校勘記》云：「閩、監、毛本同，岳本、宋本、古本、足利本『弱』作『溺』。」[36]《四部叢刊》影印宋刊本亦作「溺」。宋本之「淹溺」當是釋此句也。郭京《周易舉正》卷上云：「『衰』字誤作『喪』字。《大過》義在極衰危，非在喪亡、死喪之義，

---

34　邵榮芬：《〈經典釋文〉音系》，學海出版社 1995 年版，第 305 頁。

35　初唐寫本 P.2530 王弼《周易注》與今傳本次序相同。

36　《周易校勘記》，《清經解》第 5 冊，第 289 頁。

誤亦明矣。」[37]則郭京所見有作「宜其淹溺而凶喪也」之本，P.2530《周易注》作「宜其淹溺而凶喪矣」，正與郭京所見本同。寫卷出「喪」字條，則德明所據本亦作「宜其淹溺而凶喪也」。今本無此條者，蓋後人據作「衰」之本刪之也。

9. 井甃　側舊反馬云為瓦裏下達上也子夏云修治也才云以塼壘井也壯謬反（第147行）

　　宋本無「壯謬反」三字，而有「字林云井壁也」六字。

　　案：《莊子·秋水》「人休乎缺甃之崖」《釋文》：「甃，側救反。李云：『如闌，以塼為之，著井底闌也。』《字林》壯謬反，云：『井壁也。』」是《字林》有「壯謬反」之音也。寫卷刪去「字林云井壁也」六字，遂使注音無所歸屬。宋本無「壯謬反」之音者，蓋傳寫脫漏也。

10. 蔀　略例云大暗謂之蔀（第173行）

　　宋本「謂之」作「之謂」。

　　盧文弨《經典釋文考證》云：「大暗謂之蔀，『謂之』舊本倒，今從《略例》正。」[38]黃焯云：「寫本『之謂』作『謂之』。阮云：『《略例》作謂之。』案作『之謂』是也。戴震《孟子字義疏證》云：『古人言辭，之謂、謂之有異。凡曰之謂，以上所稱解下。凡曰謂之者，以下所稱之名辨上之實也。』」[39]

　　案：「謂之」、「之謂」，皆為解釋事物之名或異名的訓詁術語。如《詩·衛風·淇奧》「有匪君子，充耳琇瑩」毛傳：「充耳謂之瑱。」[40]

---

37　（唐）郭京：《周易舉正》，《叢書集成初編》第390冊，中華書局1985年版，第7頁。

38　《經典釋文考證》，《續修四庫全書》第180冊，第197頁。

39　黃焯：《經典釋文彙校》，第19頁。

40　《毛詩正義》卷三之二《衛風·淇奧》，第127頁。

《大雅・桑柔》「大風有隧，有空大谷」鄭箋：「西風謂之大風。」[41]《左傳・僖公三十三年》「君之惠，不以纍臣釁鼓」杜預注：「殺人以血塗鼓謂之釁鼓。」[42]《孟子・告子上》：「生之謂性。」[43]《史記・商君列傳》：「反聽之謂聰，內視之謂明，自勝之謂彊。」[44]

　　由以上諸例可知「之謂」、「謂之」二者的用法相同，只是句式結構有別，「『甲謂之乙』是帶雙賓語的主謂句，其中的『之』是代詞。『甲之謂乙』中的『之』似是用以取消句子獨立性的結構助詞。『甲之謂乙』應是不能獨立的主謂句。因此，『甲之謂乙』應用的範圍受到很大限制，訓詁專著中一般不使用，傳注中也極少見。」[45]因而周大璞《訓詁學要略》云：「謂之，又作之謂。」[46]吳孟復《訓詁通論》、齊佩瑢《訓詁學概論》、郭在貽《訓詁學》在解釋訓詁術語時，索性僅僅列舉「謂之」，而不言「之謂」[47]。德明所引者為王弼《周易略例》，《略例》原文云：「小闇謂之沛，大闇謂之都。」即作「謂之」。《彙校》據戴震之誤說，欲定宋本之非誤，宜其說之不安也。

　　**11. 於難　諾安反（第 182 行）**

　　宋本無此條。

　　案：此當是為《旅卦》上九爻辭「鳥焚其巢，旅人先笑後號咷，

41　《毛詩正義》卷十八之二《大雅・桑柔》，第 657 頁。

42　《春秋左傳正義》卷十七《僖公三十三年》，第 290 頁。

43　《孟子注疏》卷十一上《告子章句上》，第 193 頁。

44　《史記》卷六十八《商君列傳第八》，第 2233 頁。

45　楊端志：《訓詁學》上冊，山東文藝出版社 1986 年版，第 277 頁。

46　周大璞：《訓詁學要略》，湖北人民出版社 1984 年第 2 版，第 128 頁。

47　吳孟復：《訓詁通論》，安徽教育出版社 1983 年版，第 123 頁；郭在貽：《訓詁學》，湖南人民出版社 1986 年版，第 72 頁；齊佩瑢：《訓詁學概論》，中華書局 1984 年版，第 165 頁。

喪牛於易，凶」王注「以旅處上，眾所同嫉，故『喪牛於易』，不在於難」之「難」作音也。周祖謨《四聲別義釋例》云：「經典相承，難易之難，與問難，難卻，患難之難，音有不同。難易之難為形容詞，讀平聲；問難難卻之難為動詞，讀去聲。患難之難為名詞，亦讀去聲。」[48]

《釋文》讀難易之難為「如字」，即作平聲讀也。如：

《易·大有》卦辭「厥孚交如，威如，吉」王注：「既公且信，何難何備？」[49]《釋文》：「難，依《象》宜如字。一音乃旦反。」案：《象》云：「威如之吉，易而無備也。」王弼釋「易而無備」為「何難何備」，故德明謂「難」為難易之「難」，當讀如字。

《易·大壯》六五爻辭「喪羊於易，無悔」王注：「能喪壯於易，不於險難，故得無悔。」[50]《釋文》：「難，如字，亦乃旦反。」

《周頌·訪落》：「維予小子，未堪家多難。」《釋文》：「難，如字，協韻乃旦反。」鄭箋云：「我小子耳，未任統理國家眾難成之事，必有任賢待年長大之志。難成之事，謂諸政有業未平者。」[51]是德明乃依鄭義讀為難易之「難」也[52]。

《左傳·昭公二十五年》：「公以告臧孫，臧孫以難。」[53]《釋文》：「難，如字，注同。」案：杜注云：「言難逐。」此「難」為難易之難也。

---

48　周祖謨：《漢語音韻論文集》，商務印書館 1957 年版，第 53 頁。

49　《周易正義》卷二《大有卦》，第 46 頁。

50　《周易正義》卷四《大壯卦》，第 86 頁。

51　《毛詩正義》卷十九之三《周頌·訪落》，第 740 頁。

52　馬瑞辰認為「難」當讀如患難之「難」，「以讀乃旦反為正」。（清）馬瑞辰撰，陳金生點校：《毛詩傳箋通釋》卷三十《周頌·訪落》，中華書局 1989 年版，第 1095 頁。

53　《春秋左傳正義》卷五十一《昭公二十五年》，第 892 頁。

　　《論語・憲問》「果哉，末之難矣」，《釋文》：「難，如字，或乃且反。」何晏《集解》：「末，無也。無難者，以其不能解己之道。」邢昺《疏》：「無難者，以其不能解己之道，不以為難，故云無難也。」[54]此難亦難易之難也。

　　《莊子・說劍》：「然吾王所見劍士，皆蓬頭突鬢垂冠；曼胡之纓，短後之衣，瞋目而語難，王乃說之。」[55]《釋文》：「難，如字。艱難也；勇士憤氣積於心胸，言不流利也。又乃且反，既怒而語，為人所畏難。司馬云：說相擊也。」

　　「在正常情況下，《釋文》是不注如字的，只為破讀注音」[56]，以上諸條，德明大多是為了收錄他以為辨音不正的異讀而作的，惟《左傳・昭公二十五年》條獨出「如字」一音，而無異讀，這是《釋文》為「難」作音的三百五十一條中的唯一一條單音「如字」者[57]，蓋因傳文易於誤解為「患難」之「難」而作也。

　　此「不在於難」針對「喪牛於易」句而言，毫無疑問「難」字解釋為難易之「難」，沒有必要為之作音，而且《釋文》只作「如字」，並不別創切語，「諾安反」當是後人所添，非《釋文》原有。黃坤堯在《經典釋文的動詞異讀》一文中，將本條作為「難」字的形容詞例單獨別出，認為今本《釋文》缺失此條[58]；邵榮芬《〈經典釋文〉音系》亦據寫卷補此條[59]，其說蓋誤。

---

54　《論語注疏》卷十四《憲問第十四》，第 130 頁。

55　（戰國）莊周著，（清）郭慶藩撰，王孝魚點校：《莊子集釋》卷十上《說劍第三十》，中華書局 1954 年版，第 1017 頁。

56　黃坤堯：《音義闡微》，上海古籍出版社 1997 年版，第 26 頁。

57　破讀為「儺」（乃多反）等借字者凡十一次不計入內。

58　黃坤堯：《音義闡微》，第 96 頁。

59　《〈經典釋文〉音系》，第 411 頁。

12. 以盡　津忍反下皆同（第 243 行）

宋本無此條。

　案：寫卷前有「書不盡」條，注云：「如字，又津忍反，下同。」
與宋本同。其「下同」二字，乃是指下「聖人立象以盡意，設卦以盡
情偽，繫辭焉以盡其言，變而通之以盡利，鼓之舞之以盡神」諸句中
之「盡」也。依《釋文》通例，下諸「盡」字，不必再為注音，此條
當是後人所添，非《釋文》原有。

13. 德行　下孟反注同（第 245 行）

宋本無「注同」二字。

　案：此「德行」二字乃是《繫辭上》「默而成之，不言而信，存乎
　德行」句中文，「注同」二字指韓康伯注「德行，賢人之德行也」
句中之兩「德行」，此二字當有。

14. 乎累　劣偽反下同（第 247 行）

宋本無「下同」二字。

　案：「乎累」為《繫辭下》「吉凶者，貞勝者也」韓康伯注「夫有
動則未免乎累」句中文，韓注下又有「而不累於吉凶者」句，則有「下
同」二字者為善。

15. 中男　丁仲反下中女同（第 286 行）

宋本無「中女」二字。

　案：此「中男」為《說卦》「坎，再索而得男，故謂之中男」句中
文。其前一條為「長男」，注云：「丁丈反，下『長女』、『長子』皆
同。」[60]其後一條為「少男」，注云：「詩照反，下『少女』皆同。」《説

---

60　「長子」，寫卷原作「長男」，于大成《周易釋文校唐記（下）》云：「唐寫本『長子』
　　誤『長男』。」茲據宋本改正。

卦》中有「巽，一索而得女，故謂之長女」、「震為雷，為龍，為玄黃，為旉，為大塗，為長子」、「巽為木，為風，為長女」三句，即「下『長女』、『長子』皆同」所指也；「兌，三索而得女，故謂之少女」、「兌為澤，為少女」，即「下『少女』皆同」所指也。《說卦》中亦有「離為火，為日，為電，為中女」句，而「中男」二字不再出，故當如寫卷作「下『中女』同」，宋本無「中女」二字者，脫也。

16. 反生　麻豆之屬生戴孚甲而出（第 290 行）

「麻豆之屬生戴孚甲而出」，宋本「生」前有「反」字。

案：鄭玄曰：「生而反出也。」[61] 宋衷曰：「陰在上，陽在下，故為反生。謂枲豆之屬，戴甲而生。」[62] 麻類與豆類植物剛出生時，其葉片倒置而背面向外、正面向內，形似戴甲，故謂之反生。《釋文》之注乃釋「反生」之義，「生」前「反」字不當有。

17. 蟹　戶買反（第 293 行）

宋本「戶買反」作「戶賣反」。

于大成云：「唐寫本『賣』誤『買』。」

案：于說誤。盧文弨云：「戶買反，本作戶賣反。毛居正云：『當音戶買反，蟹字無去聲。』案《解卦》音蟹，解字亦無去聲。考《禮記・檀弓》『蟹有匡』，《月令》『稻蟹』，皆戶買反，則『賣』字實傳寫之誤。雅雨本從神廟本作『買』，今從之。」[63] 羅常培云：「案《廣韻》上聲蟹韻『蟹』胡買切，不應以去聲『賣』字為切。」于氏蓋未檢諸家之說也。《釋文》「蟹」凡出五次，《周禮・天官・庖人》「共祭祀之好羞」鄭注「青州之蟹胥」、《禮記・檀弓下》「蠶則績而蟹有匡」、《莊子・

---

61　王應麟輯：《周易鄭注》，《續修四庫全書》第 1 冊，第 118 頁。

62　李鼎祚：《周易集解》引，見李道平《周易集解纂疏》，第 709 頁。

63　盧文弨：《經典釋文考證》，《續修四庫全書》第 180 冊，第 198 頁。

秋水》「還虷蟹與科斗」諸「蟹」字《釋文》皆音「戶買反」，《禮記‧月令》「介蟲敗穀」鄭注「敗穀者，稻蟹之屬」《釋文》「蟹」音「胡買反」，唯此處宋本作「戶賣反」，其誤可知。

18. 雜糅　女九反（第 304 行）

「女九反」，宋本作「如又反」。

羅常培《唐寫本經典釋文殘卷四種跋》：「案陸氏音系娘日兩紐尚未分化，『如』『女』實同一聲；『又』或『久』之訛，據《周易音義》貳玖：二一『紂（直又反）』，寫本『又』正作『久』，可以為證，『久』與『九』固同音字也。」

案：羅說誤。《釋文》「糅」凡出三次，《儀禮‧鄉射禮》「無物，則以白羽與朱羽糅」《釋文》「糅」音「女又反」，《莊子‧齊物論》「參萬歲而一成純」郭象注「故雖參糅億載」《釋文》「糅」音「如救反」，皆去聲，無作上聲讀者。《廣韻》「糅」音女救切，亦去聲，與《釋文》音同。是寫卷作「九」者為誤字。

（原載中國文物研究所編《出土文獻研究》第 7 輯，上海古籍出版社 2005 年版）

# 敦煌出土《尚書》寫卷研究的過去與未來

　　《尚書》是十三經中最重要的一部經典，也是爭議最多的一部經典。先秦之《尚書》原貌，今不可知。雖諸家時有引用[1]，然皆「斷爛朝報」也，不能窺其系統。今所能言者，漢以後之《尚書》傳本也。

　　漢以後歷代所出《尚書》之本，無慮七八種，然其尤要者，則為三種：一為漢初伏生所傳之二十八篇《尚書》，因用漢時通行文字隸書書寫，故稱之為《今文尚書》；二為漢景帝時魯恭王得之於孔宅之孔壁古文《尚書》[2]，孔安國將之隸古定，是為《古文尚書》；三即東晉時梅頤所獻之偽《古文尚書》。

　　經過西晉永嘉之亂，《今文尚書》的歐陽、大小夏侯三家本子及孔壁《古文尚書》全部失傳。今通行之《尚書》即梅氏所獻偽《古文尚書》（伏生之《今文尚書》已包括在其中，只是將二十八篇拆分成為三十三

---

1　先秦著作引《尚書》之輯錄，參陳夢家《尚書通論》，河北教育出版社 2000 年版，第 8-38 頁。

2　也有一種意見認為孔壁古文並不存在。此取通行說法。

篇），因而，研究《尚書》，梅頤本是唯一可以依據的本子。清人研究
伏生《今文尚書》，如孫星衍《尚書今古文注疏》、皮錫瑞《今文尚書
考證》，所依據的本子即是梅頤本。

　　梅氏所獻偽《古文尚書》，是用一種隸古定字體寫成的。到唐玄宗
天寶三載（744），詔集賢院士衛包改隸古定字體為楷書字體，遂使隸
古定《尚書》之原貌不可見。是以今所見最早、最完整的《尚書》經
文是據衛包改字本上石的《開成石經》，即我們通常所稱的唐石經。清
人研究伏生《今文尚書》，只能以唐石經為基本材料，於文獻引用《尚
書》之文字有優於石經之處，則往往斥為衛包所改，然並無切實之資
料證明之。

　　雖然由於衛包改字而致隸古定《尚書》之原貌不可見，然陸德明
在南朝陳時所寫的《經典釋文·尚書音義》，所採用的底本即是隸古定
《尚書》，故人們還能由此書一窺隸古定的部分。到宋太祖開寶五年
（972），因用隸古字書寫之《尚書釋文》與用今字書寫之偽孔本《尚書》
字體不合，乃詔命陳鄂重刊《尚書釋文》，從而這部分隸古字也刪改殆
盡。

　　據王應麟《玉海》卷三十七載，後周郭忠恕曾寫定《古文尚書》[3]。
晁公武在其所著《郡齋讀書志》中又云呂大防從宋敏求、王欽臣家得
到了這一部《古文尚書》[4]，晁因而取之在成都刻石[5]。郭本及晁刻現均
已失傳。但在清人所編《通志堂經解》中有薛季宣《書古文訓》，乃是
五十九篇（序一篇，正文五十八篇）的隸古定《尚書》。但人們大多對

---

3　（宋）王應麟：《玉海》卷三十七《藝文》「開寶尚書釋文」條，第712頁。

4　（宋）晁公武撰，孫猛校證：《郡齋讀書志校證》卷一《書類》「古文尚書十三卷」
　　條，上海古籍出版社1990年版，第51頁。

5　（宋）王應麟：《玉海》卷三十七《藝文》「開寶尚書釋文」條，第712頁。

它的來歷表示懷疑。

梅頤本隸古定《尚書》之真實面貌到底如何，陸德明時即已有不同說法。《經典釋文‧序錄》云：「《尚書》之字，本為隸古，既是隸寫古文，則不全為古字。今宋、齊舊本及徐、李等音，所有古字，蓋亦無幾。穿鑿之徒，務欲立異，依傍字部，改變經文，疑惑後生，不可承用。」[6]元朗認為梅頤原本並非全為隸古字，全為隸古字的本子乃是後人偽造。段玉裁承用其說[7]。至於薛季宣《書古文訓》，段玉裁更是斥之為「偽中之偽」[8]。但李遇孫則認為薛本即梅頤隸古定《尚書》原本[9]，因而為之撰《尚書隸古定釋文》八卷。大家各言其意，無以定其是非。

一九○○年，在中國西北敦煌莫高窟第十七窟中發現了大量六朝至北宋的寫本後，很多本來疑而未能決的問題，可藉此新材料作進一步的研究，《尚書》研究於是出現了轉機。

一九○九年七月，已完成藏經洞寫卷盜掠的伯希和受法國國立圖書館委託，來到北京購書。由於敦煌盜寶的消息洩露，伯希和只得將隨身所帶寫卷提供給中國學者觀摩[10]。羅振玉於當年九月即在《東方雜誌》第六卷第十期上發表了《敦煌石室書目及發見之原始》一文，記載了他所見到的敦煌寫本十二種及部分未見書的書單，其中有《尚書‧顧命》殘卷一種：「尚書顧命殘頁，僅尺許。然異文不少。」就此拉開

---

6　《經典釋文》卷一《序錄‧條例》，第 2 頁。

7　（清）段玉裁：《古文尚書撰異‧序》，《四部要籍注疏叢刊》本，中華書局 1998 年版，第 1763 頁。

8　段玉裁：《古文尚書撰異‧序》，第 1763 頁。

9　李遇孫：《尚書隸古定釋文》卷一《序》，第 37 頁。

10　孟憲實：《伯希和、羅振玉與敦煌學之初始》，《敦煌吐魯番研究》第 7 卷，中華書局 2004 年版。

了敦煌《尚書》寫卷研究的帷幕。

　　從一九〇九年至今的一個世紀中，各國學者，特別是中國學者，孜孜矻矻，辛勤耕耘，致力於敦煌《尚書》寫本的研究。經粗略統計，發表論著達六十多種，而且還不包括在研究中利用到《尚書》寫卷的論著。

　　關於敦煌學的學術發展，國內學者往往根據政局的變化與研究條件的改善兩重特點，將它分為三個時期。而具體到對《尚書》這樣一部專書的研究，這樣的劃分卻並不妥當。我覺得純粹從《尚書》寫卷本身的特殊性來考慮，將它分為兩部分來論述可能更適宜一些。一，敦煌所見《尚書》寫卷，除 P.3315《尚書釋文》外，全部是偽孔傳本，因而可以將對偽孔本寫卷的研究作為一個專題來論述。二，敦煌寫卷中尚存之陸德明《尚書釋文》殘卷，並不是純粹意義上的《尚書》經文之傳注本，而是一種對《尚書》經傳的摘字注音本，有它本身的特殊性。而且對敦煌本《尚書釋文》的研究是敦煌《尚書》寫卷研究中最受重視、也是最有成績的，因而亦將它單獨立為一個專題。

## 一、偽孔本《尚書》寫卷的研究

　　伯希和在北京展示了他帶來的《顧命》殘卷後，蔣斧即在伯希和寓所抄錄，並作校勘記，又附按語。按語中，蔣氏主要談了三點看法：一、此寫卷是衛包改字前之隸古本。二、此寫卷可能是開元中吐蕃向唐朝廷所求書之遺存。三、對阮元認為郭忠恕本為偽書的說法表示懷疑，認為郭忠恕本並非全偽。蔣氏第二個觀點後來遭到王重民的駁

斥[11]。蔣斧、羅振玉於十一月出版《敦煌石室遺書》（宣統己酉〔1909〕誦芬室排印本），收錄了蔣斧之錄文及校勘記，而且羅氏又據薛季宣《書古文訓》及山井鼎《七經孟子考文》，為蔣文作了補考。羅氏贊成段玉裁以薛氏《書古文訓》為偽中之偽本的說法，認為薛書乃是採集諸家字書所引而益以《說文解字》中之古文而成。九月，王仁俊將《顧命》殘卷影寫一本，編入其《敦煌石室真蹟錄、甲集》，王氏在按語中略作校記。其校雖間有不當之處，如以屶、味為嗣、和之碑別體[12]。然文中詳考「率循大卞」之「卞」當以寫本作「法」為是，則甚有理據[13]。

當中國學者正在為敦煌寫卷的發現而興奮不已之時，東鄰日本也掀起了一股敦煌熱。一九〇九年十一月一日，田中慶太郎（筆名救堂生）在《燕塵》雜誌第二卷第十一號發表了《敦煌石室中的典籍》一文，對伯希和在北京展示寫卷一事作了介紹，特別在文中提到了《顧命》殘卷，「尚書顧命殘頁は文字雄勁、的確として、唐人の書である」（尚書顧命殘頁字體剛勁有力，看來的確是唐代人的作品）[14]。十一月二十八日，京都大學史學研究會召開會議，同時陳列了羅振玉寄送給內藤虎次郎與狩野君山的寫本照片，並在大會上由富岡謙藏解說《尚

---

11　王重民《敦煌古籍敘錄》：「蔣氏此跋蓋寫於一九〇九年。如謂吐蕃求書於唐帝，遂疑此為該本遺編，因昧於敦煌歷史，遂有此不典之言。」（第 19 頁）

12　《說文‧冊部》：「屶，古文嗣，從子。」（《說文解字》二篇下《冊部》，第 48 頁）《玉篇‧口部》：「和，……味，古文。」（《宋本玉篇》卷五《口部》，第 97-98 頁）

13　陳鐵凡在《敦煌本易書詩考略》中即引用了他的說法（《孔孟學報》第 17 期，1969年 4 月）。

14　轉引自〔日〕神田喜一郎《敦煌學五十年》，《神田喜一郎全集》第 9 卷，日本國株式會社同朋舍昭和五十九年（1984）版，第 255-256 頁；譯文據高野雪、初曉波、高野哲次譯本，北京大學出版社 2004 年版，第 7 頁。

書・顧命》[15]，這可說是日本研究敦煌《尚書》寫本的開端。一九一〇年一月，日本《史學雜誌》第二十一編一號《彙報》欄下發表了口會參照的《敦煌發掘の古書畫》一文，對這次會議陳列的諸寫卷之照片作了介紹。其中，「尚書顧命の殘葉」一條中，認為這是天寶三載衛包改字前的寫本，並認為與日本古寫本同源。

伯希和回到巴黎後，又陸續將照片寄來[16]，羅振玉據此於一九一三年出版《鳴沙石室佚書》，其中收錄《尚書》寫卷三件——P.2533《古文尚書夏書》、P.2516《古文尚書盤庚説命等卷第五》及 P.4509《顧命》殘卷。羅又為此撰跋文一篇，認為三卷皆為魏晉以來相承之隸古定原本；又考其分卷與唐石經相合，遂肯定「天寶以後改字並不改卷」；並進一步重申《隸古定〈尚書顧命〉殘卷補考》中的説法，認為薛季宣《書古文訓》非隸古定原本，並且認定其偽始於郭忠恕。雖然羅説不乏可商之處，但他在《尚書》寫卷研究上的開拓之功不可沒。

而早在羅振玉發行《鳴沙石室佚書》以前，劉師培就根據照片寫成了《敦煌新出唐寫本提要》一文，連載在一九一一年的《國粹學報》上，共計十九篇提要，其中關於《尚書》寫卷的提要兩篇，即《隸古尚書孔氏傳夏書殘卷》（P.2533）與《隸古尚書孔氏傳卷第五商書殘卷》（P.2516），劉氏以寫卷與唐石經及通行本對勘，指出了許多寫卷可糾正傳本錯謬之處。又對寫卷的隸古字作了考察，認為大多與《説文》及《三體石經》之古文相合，從而認定，「雖孔書偽託，未可據依，然傳

---

15　〔日〕神田喜一郎：《敦煌學五十年》，《神田喜一郎全集》第 9 卷，日本國株式會社同朋舍昭和五十九年（1984）版，第 263 頁。

16　伯希和將照片寄給端方，由端方分交羅振玉和劉師培考釋。説見榮新江《敦煌學十八講》，北京大學出版社 2001 年版，第 166 頁。

者欲託之壁經，則採輯古文之字必非盡與古違」[17]。此説多為後人所接受。在這時期，王國維亦撰寫了《古本〈尚書孔氏傳〉彙校》一文，對七種《尚書》古寫本作了校勘，其中包括兩種敦煌寫卷，即羅振玉公布之 P.2533 與 P.4509 [18]。

在二十世紀二〇年代前的敦煌學開創時期，由於所見寫卷較少（只有四件殘卷——P.2516、P.2533、P.3315、P.4509），故研究的形式和範圍僅限於介紹、題跋、按語等，只能説是作了一些開拓性的研究，缺乏必要的廣度和深度。

一九二五年，劉復從法國國家圖書館據敦煌原卷抄回一批材料，並出版了《敦煌掇瑣》，只是半農先生注重的是文學、社會學及語言學材料，其中沒有經籍寫卷。一九三四年，向達、王重民等受北平圖書館派遣，赴英法兩國蒐集資料。王重民在法國期間，撰寫了一些寫卷提要，寄回國內，陸續發表在一九三五到一九三七年的《大公報圖書副刊》、《北平圖書館館刊》等雜誌上，後由北平圖書館彙集成兩輯《巴黎敦煌殘卷敍錄》（1936，1941），其中共為十七號《尚書》寫卷作了提要，包括《古文尚書》14 號（2549、2643、2748、2980、3169、3469、3605、3615、3670、3752、3767、3871、4033、5522）、《今字尚書》3 號（3015、3628、2630），內容主要是定名、綴合、抄寫時代的判定及簡單的校勘。一九三五年，姜亮夫自費前往法國留學，受王重民影響，也轉而研習敦煌寫卷，他收集《尚書》寫卷的成果，反映在

---

17　劉師培：《敦煌新出唐寫本提要‧隸古尚書孔氏傳夏書殘卷》，《劉申叔遺書》，江蘇古籍出版社 1997 年版，第 2022 頁。

18　該文在《王國維先生全集（初編、續編）》（大通書局 1976 年版）及《王國維遺書》（上海古籍書店 1983 年版）中均未收錄，此據趙萬里《古本尚書孔氏傳彙校不分卷》提要（《續修四庫全書總目提要‧經部》，中華書局 1993 年版，第 271 頁）。

《敦煌本尚書校錄》一文中，該文雖發表於一九八七年上海古籍出版社
出版的《敦煌學論文集》中，而其寫成，則在歸國不久的三〇年代[19]。
該　文　為 P.2516、P.2533、P. 2549、P.2630、P.2643、P.2748、P.2980、
P.3015、P.3169、P.3311、P.3315、P.3469、P.3628、P.3670、P.3871 共 十
五種殘卷作了提要。其中 P.3311 號定名為《刊定尚書正義銜名卷》，關
於此件的性質，迄今未有定論[20]，但不論它是「尚書銜名」、「春秋銜
名」，還是「議禮之銜名單」，乃是一上奏朝廷之銜名單，而非《尚書》
經傳，故不宜列入《尚書》寫卷之列。如此則所收實為 14 號寫卷。該
文的主要內容是詳細介紹各寫卷面貌，並記載每卷之長寬尺寸。在校
錄部分，以阮刻本詳校了前十三種寫卷（P.3315 為《尚書釋文》，未出
校），不過僅僅是出校異文。該文與王重民的《巴黎敦煌殘卷敘錄》相
比，無王氏所收之 P.3605、P.3615、P.3752、P.3767、P.4033、P.5522 六
卷，而多出 P.2516、P.2533、P.3315 三卷。竊疑該三卷王重民氏不應未
見，他在後來的《敦煌古籍敘錄》中即收入了此三件寫卷，只是其中
選錄了羅振玉、劉師培、胡士鑑、孫毓修等的序跋，可見王氏乃是認
為前人已有成說而不作敘錄的。

　　向達於一九三九年十二月在《北平圖書館圖書季刊》新一卷第四
期上發表《倫敦所藏敦煌卷子經眼目錄》，其中收錄了倫敦所藏敦煌寫
卷七種 —— S.799、S.801、S.2074、S.5626、S.5745、S.6017、S.6259，只
是僅有定名及行數的記載，沒有就此撰寫提要。

---

19　據《敦煌學論文集序》，乃於 1938 至 1940 年間在四川三台東北大學任教期間所撰。
20　蘇瑩輝《從敦煌本銜名頁論〈五經正義〉之刊定》（《孔孟學報》第 16 期，1968 年 9
　　月）、《〈上五經正義表〉之板本及其相關問題》（《「中央圖書館」館刊特刊》，臺北
　　「中央圖書館」，1968 年 11 月）及《論巴黎藏石室寫本銜名殘葉之價值》（《敦煌論
　　集續編》，臺灣學生書局 1983 年版）三文作過較詳細的考證，然最後仍未作出明確的
　　傾向性結論。

　　當時，向達、王重民等為北平圖書館拍攝了很多寫卷照片，袁同禮據此編成《國立北平圖書館現藏海外敦煌遺籍照片總目》（《北平圖書館圖書季刊》新 2 卷第 4 期，1940 年 12 月），這些照片遂成為當時中國學者敦煌學研究的主要材料，不過由於沒有出版，它的使用範圍受到了較大的限制。

　　而同時，日本學者則做了大量公布原卷資料的工作，其中與《尚書》寫卷有關的有二事。一是《敦煌秘籍留真》與《敦煌秘籍留真新編》。神田喜一郎於一九三五至一九三六年在巴黎拍攝了大量的照片，並選擇其中精善者，影印成《敦煌秘籍留真》一書發行（臨川書店 1937 年版），其中有《尚書》寫卷七種——P.2630、P.2643、P.2748、P.3015、P.3469、P.3670、P.2980（P.3169 號有目無文）。但由於所收多為零片單葉，不能滿足研究之需，因而又編成《敦煌秘籍留真新編》，稿子存放在臺灣帝國大學圖書館。一九四五年，臺灣回歸，臺灣大學接收了這批稿子，並於一九四七年九月影印出版。該書將《敦煌秘籍留真》所收之零片單葉全部補足，研究者得以充分地利用其中資料。二是日本東洋文庫據縮微膠卷影印之倫敦藏卷《敦煌文獻錄》[21]。後來，中國學者陳鐵凡對《尚書》的研究，頗得益於《敦煌秘籍留真新編》、《敦煌文獻錄》二書。

　　日本東方文化學院京都研究所經學文學研究室從一九三九年起陸續發行所著《尚書正義定本》（1939 年 7 月、1940 年 8 月、1941 年 10 月、1943 年 3 月），據多種傳世刻本、日本古寫本及敦煌吐魯番寫卷校訂孔穎達《尚書正義》，由吉川幸次郎撰寫的序中共列舉了 20 號敦煌

---

21　本書未見著錄，陳鐵凡在《敦煌本尚書述略》一文中有提及。2002 年 8 月北京國際敦煌學學術史研討會期間，求教於高田時雄教授，高田教授亦云未見過該書，並估計是東洋文庫自用之縮微膠卷翻印件，而非出版物。

寫卷。不過該書的校記比較簡單，偏重異文羅列，因而並不能很好地反映出敦煌寫本的重要價值。

　　一九五八年，北京商務印書館出版了王重民《敦煌古籍敘錄》，這是對以往有關敦煌古籍的研究成果所作的總結。其中，對法國所藏二十一種《尚書》寫卷作了敘錄（P.2516、P.2533、P.2549、P.2630、P.2643、P.2748、P.2980、P.3015、P.3169、P.3315、P.3469、P.3605、P.3615、P.3628、P.3670、P.3752、P.3767、P.3871、P.4033、P.4509、P.5522）。較之《巴黎敦煌殘卷敘錄》，增多 P.2516、P.2533、P.4509、P.3315 四種，而這四種敘錄，皆轉錄蔣斧、羅振玉、劉師培、胡士鑑、孫毓修等的序跋，王重民僅在 P.4509《顧命》條下對蔣斧以寫卷為吐蕃從中原求得之遺物一說進行了駁斥；在 P.3315《尚書釋文》下對此寫卷的研究狀況作了綜述，並論定寫卷為晚唐抄本。此外，並無更進一步的研究心得。當然，這跟王氏自己的學術研究專長與未能見到倫敦所藏《尚書》寫卷有關。不過，能將散見各處的研究成果彙為一編，為後人利用這些成果提供方便，其功可謂至大。後人凡是研究《尚書》寫卷，本書是必須參考的重要著作。

　　臺灣學者陳鐵凡在一九六一年發表《敦煌本尚書述略》一文（《大陸雜誌》第 22 卷第 8 期），陳氏據《鳴沙石室佚書》、《鳴沙石室古籍叢殘》、《敦煌秘籍留真》、《敦煌秘籍留真新編》、《敦煌古籍敘錄》、《敦煌文獻錄》六書，共收錄《尚書》寫卷 28 號[22]。其中英藏 7 號，法藏 21 號。這是第一篇為英藏《尚書》寫卷作提要的文章，其所收卷號超過了姜亮夫《敦煌本尚書校錄》與王重民《敦煌古籍敘錄》。陳氏在

---

22　陳氏在文中自言著錄 30 號寫卷，其實編號只有 29 號。而且將 P.3315《尚書釋文》誤為 P.3511，而於 P.3315 下據伯希和目錄著錄。其實 P.3315 即是《尚書釋文》，而 P.3511 號乃為粟特文，已併入藏文卷子。故而陳氏實際著錄寫卷為二十八號。

文中介紹了寫卷的內容、行款，並考其抄寫時代，提供影本信息。可與王重民《敦煌古籍敘錄》參看，亦可補王書之未備。但 P. 2549、P. 3169、P. 3469、P. 3605、P. 3615、P.3628、P.3752、P.3871、P.4033、P.4509、P.5522 凡十一卷乃是據《敦煌古籍敘錄》著錄，陳氏並沒有看到影本，故這些殘卷的提要內容沒有越出《敦煌古籍敘錄》的範圍。

接著，陳鐵凡先後發表四篇論文：《敦煌本虞書校證》（《南洋大學中文學報》第 2 期，1963 年 12 月）、《敦煌本夏書斠證》（《南洋大學中文學報》第 3 期，1965 年 2 月）、《敦煌本商書校證》（臺灣長期發展科學委員會叢書第 6 種，1965 年 6 月）、《敦煌本虞夏商書斠證補遺》（《大陸雜誌》第 38 卷第 2 期，1969 年 1 月），諸文參照漢石經、魏石經、巾箱本、互注本、阮刻本及多種日本古寫本，對《尚書》寫卷作了較全面的校勘。陳氏的校勘已不僅僅是二、三〇年代那種單純出具異文的校記了，不僅校文字之異同，而且利用多種文獻，定奪正譌。雖然陳氏在《尚書》校勘上取得了較大成績，但仍有兩點遺憾：一是由於法國藏卷沒有公布，他雖得友人之助，獲睹數種寫本，然與他在《敦煌本尚書述略》中所著錄的寫本相比，尚有 P.3605、P.3752、P.3871、P.4033、P.5522 諸卷未能寓目。二是前人對傳本《尚書》的研究成果特別是清人的成果利用較少。

一九六九年四月，陳鐵凡又在《孔孟學報》第十七期上發表了《敦煌本易書詩考略》一文，該文是對七十五種《周易》、《尚書》、《詩經》寫卷所作的提要，《尚書》寫卷共有 34 號，其中，敦煌寫卷 32 號[23]，較之《敦煌本尚書述略》所收又多四種。有十種（P.2549、P.3605、

---

23　一種據大谷光瑞《西域考古圖譜》著錄，乃是和闐本；一種標為 P.4874，言所存者為《大禹謨》，其實此乃是德國柏林普魯士博物館所藏吐魯番本，真正的法藏 4874 號是《禹貢》殘文。

P.3615、P.3871、P.4033、P.4900、P.5522、P.5543、P.5557 及 李 盛 鐸 藏
本）未見影本，乃是據王重民《敦煌古籍敘錄》、《伯希和劫經錄》及
《敦煌遺書散錄・李氏鑑藏敦煌寫本目錄》著錄。

　　王重民在《巴黎敦煌殘卷敘錄》中已將十二件殘卷綴合成五卷：
P.3605＋P.3615；P.5522＋P.4033＋P.3628；P.3469＋？＋P.3169；
P.3670＋P.2516；P.3871＋P.2980＋P.2549。陳鐵凡於一九六九年十二月，
在《新社學報》第三期上發表《敦煌本尚書十四殘卷綴合記》，在王重
民研究的基礎上，將十四件寫卷綴合為五卷，其綴合後結果如下：P.
3605 ＋P.3615＋P. 3469＋？＋P.3169；P. 3670＋P.2516；P.5522＋？
＋P.4033＋P.3628＋P.5543；P.3871＋P.2980；P.3752＋P.5557。只是王重民原
將 P.3871、P.2980 及 P.2549 三卷作了綴合，而陳氏由於看漏了王重民的
一句話，以為王氏綴合了 P.3871 與 P.2980 兩卷。茲引王重民原文如下：
「甲卷著錄號碼在二五四九，為全書篇目；乙卷在三八七一，為《費
誓》殘文，始『亡敢寇攘踰垣牆』，至篇末。驗其筆跡與紙色，並與二
九八〇號卷子《秦誓》相同；卷背所裱，亦為同一古類書，則原為同
書無疑。」[24]陳氏將「甲卷著錄號碼在二五四九，為全書篇目」這句話
給漏掉了，遂使三卷綴合變成了二卷。故最後的結果應該是十五件殘
卷綴合成五卷。

　　陳鐵凡在六〇年代連續發表敦煌本《尚書》研究的論著達七篇之
多[25]，而同時在中國大陸及日本，沒有見到關於偽孔本《尚書》寫卷的
研究論文。陳鐵凡的這些研究成果，奠定了他在敦煌本《尚書》研究
史上的地位。他是迄今為止對《尚書》寫卷研究最有系統性，也是成

---

24　王重民：《敦煌古籍敘錄》，第 21 頁。

25　在《敦煌本易書詩考略》一文中提到《敦煌本周書校證》，然未標出發表時間及刊
　　物，可能沒有發表。

果最多、貢獻最大的學者。

　　從七〇年代末開始，隨著縮微膠卷與《敦煌寶藏》的發行出版，研究者可以相當方便地利用敦煌寫卷資料，敦煌學的研究進入了一個蓬勃發展的黃金時期。但是相對於敦煌學其他門類研究成果疊出的情況，對《尚書》的研究卻沒有「預流」，反而沉寂下來，整個八〇年代都沒有可以值得介紹的論著出版。

　　只是一九八〇年，劉起釪在《史學史資料》第三期上發表了《尚書的隸古定本、古寫本》一文，根據北圖保存的照片、中國科學院圖書館的縮微膠卷及《敦煌秘籍留真新編》等資料著錄了 27 號敦煌寫卷，其中英藏 7 號，法藏 20 號。但數量少於陳鐵凡之所收集，而且這時縮微膠卷已經發行，因而劉氏的著錄實際上已經不能對《尚書》研究有所助益了。

　　進入九〇年代，隨著大陸國學熱的復興，對《尚書》的研究好像也有了一點熱度。首先出版的是吳福熙《敦煌殘卷古文尚書校注》（甘肅人民出版社 1992 年版），該書收錄了二十七個《尚書》寫卷，並作了錄文、校注。該書雖然是中國大陸對敦煌本《尚書》作全面整理的第一本書，也是迄今為止唯一的一本書，但它卻存在著相當嚴重的問題[26]。首先是卷號收錄有很多的缺漏。該書收錄了二十七件寫卷，由於它沒有前言，我們對於該書編纂的緣起、所據資料等一無所知，但從它對寫卷的定名及錄文的情況來看，估計是以《敦煌寶藏》為線索，並利用縮微膠捲進行錄文的。但《敦煌遺書總目索引》及《敦煌寶藏》已著錄、定名的七號英藏寫卷（S.2074、S.5626、S.6259、S.5745、

---

26　2000 年 7 月，在敦煌研究院召開的敦煌學國際學術討論會的開幕式上，敦煌學界耆宿饒宗頤先生批評該書沒有吸收前人特別是海外的學術成果。

S.6017、S.799、S.801），該書只收錄 S.6259 一種，並謂「此卷是斯坦因所劫經卷中僅有的一份《尚書》殘卷」（第 176 頁），實在令人難以索解。其次是它的錄文，關於這一點，不用我多說，因為已有兩篇文章對它作了一些糾正（徐在國《〈敦煌殘卷古文尚書校注〉校記》，《古籍整理研究學刊》1996 年第 6 期；徐在國《敦煌殘卷〈古文尚書校注〉字型摹寫錯誤例》，《敦煌研究》1998 年第 3 期），可見其錄文之粗疏。第三是它的校注。名為「校注」，實則有校無注。而且它的校只是將殘卷與阮刻本作了初步的對勘，基本上是記錄異文，偶有考證之處，均為拆解阮元《校勘記》的內容而成，並沒有自己的什麼見解。而且自一九○九年以來所有關於《尚書》寫卷的研究成果無一利用。尤其令人疑惑的是，在該書中看不到利用過《敦煌古籍敘錄》的哪怕是一言半語。王重民《敦煌古籍敘錄》是研究敦煌四部書的必讀之書，而且該書所在多有，要想不看到這部書反而是件不容易的事。當然，該書也並非毫無可取之處，如綴合了 P.3628 與 P.4874 兩卷，這是陳鐵凡所沒有綴合的（因為陳鐵凡當時看不到 P.4874）。又如 P.2523Piece3，《敦煌遺書總目索引》未有定名，《敦煌寶藏》定名為《古文尚書殘塊》，該書將它確定為「泰誓上之殘塊」（第 148 頁），可惜又將編號誤作 P.2533。其實這也太容易，《寶藏》既已確定為《古文尚書殘塊》，可見已經知道該殘片之性質，只是沒有具體標明其篇名而已。在電腦檢索未流行的九○年代初，利用顧頡剛的《尚書通檢》（書目文獻出版社，1982 年）可以很方便地確定該殘片內容在《尚書》中屬於哪一篇。總之，該書不足之處甚多而發明極少，這是想要參閱此書的人所應該首先了解的。

　　一九九六年，上海古籍出版社出版了顧頡剛、顧廷龍輯錄的《尚書文字合編》四巨冊，該書將漢魏唐石經、唐寫本、日本古寫本、《書

古文訓》等歷代《尚書》古本材料彙為一編，是目前網羅《尚書》文字資料最全的一部書。其中收錄唐寫本 37 號，包括法藏 27 號、英藏 8 號、新疆出土本 2 號，實收敦煌寫卷 35 號之影本，因而也是迄今為止收錄敦煌《尚書》寫卷材料最全的一部書。雖然由於條件所限，其中有些影本不夠清晰，但由於它利用了原來羅振玉發表的影印本，如 P.3315《尚書釋文》（《吉石盦叢書》）、P.2533《古文尚書夏書》（《鳴沙石室佚書》）兩種寫卷，其所存內容要比現在的縮微膠卷及《敦煌寶藏》完整，特別是 P.3315《尚書釋文》，縮微膠卷及《敦煌寶藏》存八十七行，而《吉石盦叢書》本則在卷首尚有十六個半行，實存一○三行。《伯希和劫經錄》亦云「存十六斷行，八十七整行」，王重民為北圖攝製的照片亦為一○三行。由於《吉石盦叢書》、《鳴沙石室佚書》及北圖照片不易見到，所以若要利用 P.3315 及 P.2533 兩件寫卷，使用《尚書文字合編》就比較方便而正確。

　　從九○年代開始，一些刊布敦煌文獻的大型圖錄本陸續問世。對於《尚書》研究者來說，最值得高興的則是《英藏敦煌文獻（漢文佛經以外部分）》十四冊及《俄藏敦煌文獻》十七冊的出版。《英藏敦煌文獻（漢文佛經以外部分）》收錄了英藏寫卷中所有的非佛教文獻，其中 S.7600 號以後的非佛教文獻為《敦煌寶藏》所無，《俄藏敦煌文獻》收錄了俄羅斯科學院東方學研究所聖彼得堡分所收藏之全部一九四六○號寫卷，使我們有可能讀到更多的《尚書》寫卷。二○○○年六月，在首都師範大學召開的紀念敦煌藏經洞發現一百週年國際學術研討會上，我發表了論文《敦煌本〈尚書〉敘錄》，該文彙集《尚書》殘卷 48 號，其中敦煌寫本 42 號，包括法藏 27 號、英藏 12 號、俄藏二號、中國藏一號。該文是第一次敘錄俄藏與中國所藏《尚書》寫本。二○○二年五月，在浙江大學召開的漢語史、敦煌學國際學術研討會上，我

發表的論文《〈俄藏敦煌文獻〉儒家經典類寫本的定名與綴合》，又新得俄藏《尚書》寫卷 3 號，並且將其中兩號與法藏綴合 —— Дx.10698＋Дx.10838＋P.3871 ＋P.2980＋P.2549。如此，敦煌《尚書》寫本已增加到四十五號。

　　法、英、俄三大藏家的寫卷已基本公布，這三家所藏的《尚書》寫卷大概已經收羅殆盡了。中國國家圖書館藏卷由於尚未全部公布，其中還有多少《尚書》寫卷，今不可知。二〇〇〇年七月，我在國家圖書館善本特藏部閱覽館藏寫卷時，發現一編號為 BD15695 的未定名殘片，一望即知是《尚書‧禹貢》之內容，當時即告知了李際寧先生。收錄石谷風舊藏之《晉魏隋唐殘墨》一書（安徽美術出版社 1992 年版）的第七十八頁上亦有一未曾定名之《尚書‧禹貢》殘片[27]。非常巧的是，國圖殘片與石谷風藏殘片居然可以綴合，能不令人高興？

　　《北京圖書館館刊》一九九七年第四期陳紅彥《北京圖書館藏敦煌新 881 號〈尚書〉殘卷校勘後記》一文，對殘卷抄寫時代作了探索，認為殘卷抄寫於唐高宗時期，因而肯定這是一種衛包改字前的今字本。王煦華《〈許貞于味青齋所藏敦煌唐寫本今字尚書堯典、舜典殘卷〉序》（《文獻》2002 年第 2 期）亦認為殘卷為高宗時期抄本[28]。許建平《BD14681〈尚書〉殘卷考辨》則認為殘卷抄於高宗朝以後，並且具體

---

27　該文寫成後，參加二〇〇二年八月在北京召開之國際敦煌學學術史研討會時，獲睹方廣錩先生《〈晉魏隋唐殘墨〉綴目》一文（《敦煌吐魯番研究》第 6 卷，北京大學出版社 2002 年版），知方先生已經比定為《尚書‧夏書‧禹貢》，不過，此應為偽孔本，而非白文本。

28　附記：許貞于，2002 年 8 月 27 日中國國家圖書館善本部舉辦的「敦煌學學術史展覽」對「味青齋主人收藏品目錄」所作的說明中寫作「許貞乾」，筆者即據此定為「許貞乾」。2012 年 9 月 13 日南京師範大學蘇芃教授來信謂《清實錄》與《申報》中均作「許貞幹」。看來都是簡體字惹的禍。「幹」簡化成「干」，於是「于」誤作「於」，「干」又變成繁體「乾」。

論述了寫卷包含之價值[29]。

　　令人驚奇的是，在法藏藏文寫卷中，居然有一件《尚書》寫卷，它的編號是 P.T.986，存《周書》之《泰誓中》、《泰誓下》、《牧誓》、《武成》四篇內容。最早知道這個卷子性質的是瑞查遜，但真正開始對其進行研究的是法籍日本藏學家今枝由郎。他於一九七九年在倫敦牛津大學召開的國際藏學討論會上發表《關於「chis」一詞的翻譯問題》的論文（後由阿里斯・馬克與昂山蘇姬收入《藏學研究文集》中，牛津，一九七九年），王堯先生將它譯為漢文，發表在《民族譯叢》一九八二年第一期。該文認為出現在此藏文寫卷中的「chis」一詞應譯為「治」，意即「施政，管理」。黃布凡於一九八一年發表《〈尚書〉四篇古藏文譯文的初步研究》（《語言研究》創刊號，第 203-232 頁），認為該寫卷對研究藏語史、藏曆以及中古漢語音韻均有參考價值，並對全卷作了藏文轉寫及還譯。王堯、陳踐又連續發表兩篇論文（《P.T.986〈尚書〉譯文》，載《敦煌吐蕃文獻選》，四川民族出版社一九八三年版；《敦煌藏文寫卷 P.T.986 號──尚書譯文補正》，《中央民族學院藏族研究所論文集》第 1 冊），對該寫卷作了藏文還譯。今枝由郎在一九八五年又寫成《中國インド古典──〈書經〉、〈戰國策〉、〈テーマーャナ〉》一文[30]，對該號藏文的《尚書》寫卷又作了詳細的考察。該文主要考察藏文譯文的特點，認為它不是一字一句的原文直譯，而是利用了孔安國《傳》、孔穎達《正義》及其他一些材料對《尚書》原文作了解釋性的翻譯，因而很能適合那些對漢人的傳統文化知之不深的藏人。不過這在黃布凡的文章中已經有了初步的看法，只是沒有像今枝那樣作詳盡

---

29　二〇〇一年十一月臺灣中正大學「二十一世紀敦煌學學術研討會」提交該論文，後收入項楚、鄭阿財主編《新世紀敦煌學論集》，巴蜀書社 2003 年版。

30　山口瑞鳳主編：《講座敦煌》第 6 卷《敦煌胡語文獻》，大東出版社 1985 年版。

的考辨而已。對於藏人何以會翻譯漢人的經典著作《尚書》的原因，王堯先生以為「可以推測當時吐蕃以『周』自命，儼然有『以周伐殷』的姿態，為他們進駐河湟，繼而據秦隴，人長安的行動尋找歷史根據，頗有點『影射史學』的味道」[31]，張先堂認為「是吐蕃文人直接根據唐代敦煌地區廣泛流傳的漢族古代和當代文學作品而編譯的作品，反映了吐蕃文人積極學習、吸收漢族文化的歷史情況」[32]。對藏文寫卷的研究、藏族文化的探討，我完全是外行，在此沒有能力發表任何評論。從文獻學的角度來考慮，我覺得，在吐蕃人將漢文《尚書》譯為藏文的過程中，應該有他們自己對《尚書》經傳的理解，我們將之與漢人的理解相比較，從中或能找出一些值得借鑑的東西。以上諸文的漢文還譯及注解中已經注意及此，並作了一些探討。另外，為免掠人之美，必須聲明的是，這一段對藏文《尚書》的介紹，有些地方利用了王堯先生的大作《敦煌藏文寫本手卷研究近況綜述》中的材料。

## 二、《尚書釋文》殘卷的研究

伯希和將敦煌寫卷劫至法國國立圖書館後，編寫了一個簡目，他將 P.3315 號寫卷定為「《古文尚書注疏》殘文」[33]。一九一二年，日本學者狩野直喜至巴黎，獲見此卷，認為應是唐抄古本《尚書釋文》，因

---

31　王堯：《敦煌藏文寫本手卷研究近況綜述》，原載《藏族研究文集》第 2 集（中央民族學院藏學研究所 1984 年版），此據《中國敦煌學百年文庫・民族卷二》，甘肅文化出版社 1999 年版，第 125 頁。

32　張先堂：《敦煌文學與周邊民族文學、域外文學關係述論》，《敦煌研究》1994 年第 1 期。

33　〔法〕伯希和編，陸翔譯：《巴黎圖書館敦煌寫本書目》，《國立北平圖書館館刊》第 8 卷第 1 號。

而抄錄若干行而歸。東歸日本後，將所抄數行出示羅振玉，羅氏亦認為是宋開寶中陳鄂刪改前之《釋文》，當即迻書伯希和，請求寄送影本。時值歐洲爆發第一次世界大戰，伯希和應徵從軍，因而羅氏久不得音信。一九一六年，伯希和隨使來華，經過上海，張元濟從伯希和處得此卷照片，立即收入《涵芬樓秘笈》第四集中，於一九一七年出版。羅振玉在日本，亦據狩野直喜的照片印入《吉石盦叢書》中。《尚書釋文》殘卷遂為世人所共見。

狩野直喜在獲得殘卷影本後，即撰寫了《唐鈔古本尚書釋文考》一文（《藝文》第 6 卷第 2 號，1915 年 2 月。譯文見江俠庵《先秦經籍考》上冊，上海文藝出版社 1990 年影印），認定此為《尚書釋文》之殘卷，並認為《舜典》篇所用為王肅注，今本為宋人所改。這是關於該寫卷的第一篇研究論文。伯希和在見到狩野的論文後，亦撰寫了《書經與尚書釋文的比較研究》（ *Le Chou King En Caractéres Anciens Et Le Chang Chou Che Wen* ）一文，發表在一九一六年法國金石文藝學院出版的《亞細亞東方學紀念文集》（ *Le Chou King Et Le Chang Chou Che Wen* ，In Memoires Concemantl' Asieorientale，vol.2 ，PP.123-177. paris ，1916）一書中，在這篇長達五十五頁的論文中，伯希和氏花費了大量的筆墨介紹《尚書》及《尚書釋文》的研究歷史，而對於寫卷本身並沒有提出什麼有價值的見解。

在中國，張元濟出版的《涵芬樓秘笈》第四集，已經附有吳士鑑據此寫卷所作的《唐寫本經典釋文校語》二卷，前有吳氏《唐寫本經典釋文校語序》，後有孫毓修跋文。吳氏以通行本《釋文》與此卷對勘，作了詳細的考校。而且在序中將此寫卷與今通行本之不同歸納為六條，多有理據，然謂《舜典》部分有為孔穎達《疏》所作之音義，則大誤也。校書如掃落葉，旋掃旋生。何況隸古《釋文》初出，非能

一役畢其功者，故又有馬敘倫《唐寫本〈經典釋文〉校語補正》（天馬山房自印本 1918 年版）、陳邦懷《與吳銅齋先生商榷敦煌本〈尚書釋文〉校語書》（寫於 1920 年，收入《一得集》，齊魯書社 1989 年版），此二文皆為補正吳士鑑之闕漏者。

　　由於吳士鑑未解陸德明《舜典》釋文所用者為王肅注本，故對於寫卷《舜典》部分的校勘，與今通行之姚方興本《舜典》所同之條目以為即《釋文》用孔傳本，而於通行本所無之條目則以為乃是孔傳本版本之不同，甚至以為是後人羼人之孔穎達《疏》。其實關於陸德明《舜典釋文》以王肅注為底本一事，狩野直喜在《唐鈔古本尚書釋文考》一文中言之已明，由於二國睽隔，交流不易，故而吳氏未獲見狩野之文。吳承仕因此撰寫了《唐寫本〈尚書舜典釋文〉箋》（《華國月刊》第 2 期第 3、4 冊，1925 年 1、2 月），逐條辨駁吳氏之誤；又撰《尚書傳孔王異同考》（《華國月刊》第 2 期第 7、10 冊，1925 年 5、11 月；第 3 期第 1 冊，1926 年 4 月），詳細考辨了王肅注與偽孔傳之異同，以使二者涇渭分明，免致後人混淆。

　　龔道耕因病吳士鑑《校語》多錯漏，遂撰《唐寫殘本〈尚書釋文〉考證》之長文（《華西學報》第 4 期，1936 年 6 月；第 5 期，1937 年 12 月；第 6、7 期合刊，1941 年 6 月），對《釋文》寫卷重作校勘，糾正了大量《校語》之誤。這是所有關於寫卷《釋文》校勘中最精審的一篇論文，至今尚無超越該文的論著出現。

　　關於寫卷之時代源流，吳士鑑、馬敘倫、吳承仕以及龔道耕均認為此卷即陸德明《經典釋文》原書。然胡玉縉於一九三三年六月在《燕京學報》第十三期發表《寫本經典釋文殘卷書後》之文，提出了不同看法，他認為此殘卷出於五代郭忠恕改定之《釋文》本，為北宋抄本，而且此書很快又失傳。洪業立即在《燕京學報》第十四期（1933 年 12

月）上發表《尚書釋文敦煌殘卷與郭忠恕之關係》進行駁斥，認為寫卷仍應是陸氏原書。又據寫卷不諱忠、堅、廣、淵、世、民、胤等隋、唐、宋諸帝之諱，而認為是陳末抄本。對於寫卷之為陸氏原書，以後再無異說。而對於其抄寫之時代，王重民認為「欲定寫本年代，絕不能脫離紙幅與書法，蓋鑑定寫本者，此其最重要因素也」，因而定為晚唐寫本[34]。蘇瑩輝[35]、陳鐵凡[36]均贊同王說。姜亮夫認為：「陸氏原書，在衛包既改古文後，異同至多，即在衛包以前傳抄，恐亦不能無增損。依紙墨字體斷之，當是天寶三年以前寫本無疑。」[37]衛包改字乃是改偽孔本經文，與陸德明《尚書釋文》毫無關係。在此據衛包改字來論定寫卷抄寫時間，恐怕難以得出正確的結論。

　　一九四一年二月，潘重規在《志林》第二期上發表《敦煌唐寫本尚書寫本釋文跋》，將寫卷與通行本《釋文》比照，從四個方面說明宋代陳鄂是如何改動《釋文》的：1. 今本刪削與改易。2. 移易陸氏作音原次。3. 增添《切韻》之音。4. 據姚方興本改《釋文》所用王肅本之經注。其中第二、第三條為其首創之說。第三條尤可為《釋文》作於陳末而非貞觀時之鐵證[38]。而羅常培《唐寫本〈經典釋文〉殘本四種跋》（《清華學報》第 13 卷第 2 期，1941 年 10 月），則對寫本的音切問題作了探討。他綜合唐寫本《周易》、《尚書》、《禮記》四種音義殘卷，與

---

34　王重民：《敦煌古籍敘錄》，第 26 頁。

35　蘇瑩輝：《敦煌卷子在中國學術史上的貢獻》，《圖書館學報》第 4 期，1962 年。此據氏著《敦煌學概要》，五南圖書出版有限公司 1988 年版，第 35 頁；又見氏著《敦煌論集》，臺灣學生書局 1983 年版，第 311 頁。

36　陳鐵凡：《敦煌本易書詩考略》，《孔孟學報》第 17 期，1969 年 4 月。

37　姜亮夫：《莫高窟年表》，上海古籍出版社 1985 年版，第 208 頁。

38　關於《經典釋文》作於何時，有兩種說法。一說作於唐太宗貞觀十七年（643），南宋李燾、清桂馥主此說；一說作於南朝陳後主至德元年（583），清錢大昕、民國吳承仕主此說。

清徐乾學通志堂本互勘後，認為「唐宋兩代改篡《釋文》，繫於文字訓釋者為多，涉及音韻系統者殊尠」。

到六○年代，胡芷藩、方孝岳關於殘卷本《釋文》與今陳鄂改定本之音切是非進行了論爭。方孝岳連續發表三篇文章（《跋唐寫本〈經典釋文〉殘卷》，《中山大學學報》1963 年第 1、2 期合刊；《關於唐寫本經典釋文殘卷的音切問題答》，《學術研究》1964 年 1 期；《關於敦煌殘卷〈尚書釋文〉若干問題之討論》，《語言文字研究專輯》上冊，上海古籍出版社 1982 年版，第 1-7 頁），認為陳鄂修改《釋文》順應了語言文字發展的事實，並且還認為陳鄂改正了許多《釋文》原書中的錯誤之處。胡芷藩就此發表不同意見（《關於唐寫本經典釋文殘卷的音切問題答》，《學術研究》1964 年 1 期；《試談唐寫本〈經典釋文的音切〉》，《語言文字研究專輯》上冊，上海古籍出版社 1982 年版，第 7-13 頁），認為敦煌本大多正確，陳鄂所改使《釋文》失去了原貌。吳文祺在《語言文字研究專輯》一書的「編者案」中發表了自己的意見，支持胡芷藩之說。總括方、胡二人的論爭，分歧主要在於立論的出發點不同。方氏是從普及的角度來看問題，認為陳鄂的刪改符合宋時的實際語音；而胡氏則是從存真及學術的角度看問題，認為陳鄂的改動使陸氏《釋文》失去了它的原貌。我以為，在宋朝時，可能存在普及的問題，否則宋太祖沒有必要令陳鄂大作刪削。但到了今天，《尚書釋文》這樣性質的東西沒有任何可能成為普及讀物了，它只能是學術研究所需利用的材料。學術研究中所依靠的材料應該是反映本真的東西，何況《經典釋文》是現在研究六朝群經音切的唯一傳世音注本，如若使用了後人改動的本子，我們將何以了解六朝語音的實際？我們所要了解的是北周時陸德明《經典釋文》的內容，並且從中了解當時《隸古定尚書》的情狀，了解當時學者對《尚書》注釋注音的內容。我

們所要了解的不是宋朝「陸德明」的《經典釋文》的內容。下面且舉一條方氏認為殘卷不正確而陳鄂所改合理的例子。第八十六行「滑，于八反」，陳鄂改作「戶八反」，方云：「滑、于類隔，作『戶』為是。」黃焯云：「《禮記‧儒行》釋文『壞己，乎怪反』，唐寫本亦作『于怪反』，蓋于字六朝以前讀入匣紐，與乎同聲，故以切滑、壞等字。唐宋以後于讀入喻紐，與匣紐隔類，後人覺其音之不合，遂改類隔為音和，故《篇韻》滑、猾字止有胡骨、戶八等切也。」[39]《釋文》作「于八反」，反映的是當時之實際語音[40]，陳鄂之音乃宋朝之音，非六朝之音也。若皆如陳鄂之舉一律改動，勢必造成音韻學研究上的混亂。

　　陳夢家《敦煌寫本〈尚書經典釋文〉跋記》（撰於 1963 年 9 月，載《尚書通論》，河北教育出版社 2000 年版，第 365-382 頁）一文，則利用《釋文》寫卷來證明清人以為《舜典》篇首之「濬哲文明溫恭允塞玄德升聞乃命以位」十六字為隋劉炫偽造說之誤，因為陸德明作《釋文》，早於劉炫。這可謂至確之論，亦顯示此寫卷價值之重大。

　　一九九三年，余行達在《古漢語研究》第四期發表《〈尚書釋文〉殘卷和今本的比較》一文，將今本《經典釋文‧尚書音義》（即經過陳鄂刪改的《尚書釋文》）與寫卷比較，從論刪削、論改變、論增加三個方面詳細考辨了兩者的優劣，認為「陳鄂本雖可以校正『殘卷』的謬、漏、衍，由於大量刪削和改變所引起的損失是不小的，而且他刪、改也沒有一個標準，是自相矛盾的」。余氏在文中還評析了方孝岳的錯誤觀點。

---

39　黃焯：《經典釋文彙校》，第 30 頁。

40　雖然《釋文》裡于、匣二紐已基本分化，但仍有不少混用的現象，說見羅常培《經典釋文和原本玉篇反切中的匣于兩紐》，中央研究院《歷史語言研究所集刊》第 8 本第 1 分，1939 年；邵榮芬《〈經典釋文〉音系》，學海出版社 1995 年版，第 116-117 頁。

　　尚有其他學者發表過關於此寫卷的幾篇論文，如武內義雄《隸古定尚書に就いて》（《支那學》第 8 卷第 3 號，1936 年 6 月）、徐仁甫《唐寫本隸古定尚書釋文殘卷跋》（《志學月刊》1942 年第 1 期），但所論沒有新的發明，故不再詳述。

## 三、餘論

　　回顧百年來對《尚書》寫卷的研究歷程，呈現出的總的狀況是：中、日、法各國學者均有開拓之功。但從二十世紀三〇年代以後起，中國學者逐漸成為研究的主力軍，五〇年代以前以王重民、龔道耕、潘重規的貢獻為大；五〇年代至七〇年代，陳鐵凡獨領風騷。九〇年代及進入新世紀以來，外國學者似乎已經對此失去了興趣，臺灣地區的研究也逐漸冷落，而中國大陸學者的研究正呈上升趨勢。

　　經過幾代學者的努力，敦煌《尚書》寫卷的收集、整理、考辨等各方面都取得了較大的成績，有些已經形成了共識。如改字並非始於衛包，故不能將今本《尚書》錯訛之處一律歸咎於衛包；薛季宣《書古文訓》非梅頤原本，然其所採資料並非全偽；《尚書釋文》為陸德明原本，《舜典釋文》所用者為王肅注，等等，學術界基本上已無異議。

　　但是，對《尚書》寫卷的研究仍有許多問題沒有解決，需要學者們作更辛苦的探求。我個人以為，以下幾個方面可以作為今後一定時期內《尚書》寫卷研究的重點。

　　1.《尚書》寫卷的輯校。除了現已收集到的 47 號外，在中國和日本還有尚未公布的寫卷，其中或許尚有《尚書》。今不知下落的李盛鐸

藏品中即有《尚書》寫卷[41]。而且陳鐵凡雖曾對數十號寫卷作過校勘，但一者發表於零散的論文中，二者所收卷號不全，三者考辨尚須精審。故而應該有一部收集卷號較全、考辨詳博的著作，供經學研究者使用。

2. **古字本與今字本的界定問題**。學者們對於《尚書》寫卷中何者為隸古本，何者為今字本，好像沒有一個明確的標準，而是隨意而說。如王重民在《巴黎敦煌殘卷敘錄》第一輯卷一中將 P.3628 定為《今字尚書》，而在第二輯卷一中又將 P.3628 與 P.4033 綴合，定為《古文尚書》。P.2748，王重民《巴黎敦煌殘卷敘錄》、神田喜一郎《敦煌秘籍留真》及《敦煌秘籍留真新編》均定為《古文尚書》，而陳鐵凡在《敦煌本尚書述略》及《敦煌本易書詩考略》中則認為是今字尚書，並謂「王有三、神田等仍廁之於古文，蓋狃於舊說」[42]，因而神田喜一郎在《與陳鐵凡先生論古文尚書》中重申：「此本雖以楷字書之，不可謂之今字尚書。」[43]他們判定今字還是隸古的根據即是看卷面，隸古字多者定名為隸古本，隸古字少者定名為今字本，因而就出現了以上這種結果。我想，是否應該設立一個劃定隸古本與今字本界限的標準？隸古字少到什麼程度，就可以說它是今字本？

3. **隸古字來源的考察**。梅頤所上《隸古定尚書》，它的隸古定字來

---

41　榮新江《李盛鐸藏卷的真與偽》所附《李木齋氏鑑藏敦煌寫本目錄》(《敦煌學輯刊》1997 年第 2 期，第 7 頁)、落合俊典《羽田亨稿〈敦煌秘笈目錄〉簡介》所附影本 (郝春文主編《敦煌文獻論集》，遼寧人民出版社 2001 年版，第 100 頁) 均有對李氏藏卷的介紹。《尚書正義定本》據羽田亨影本利用了此德化李氏藏卷，該卷起《君奭》「後暨武王」至《蔡仲之命》「周公以為卿士」。補記：此寫本收入 2009 年出版之《敦煌秘籍》影片冊 1，編號羽 018。

42　陳鐵凡：《敦煌本尚書述略》，《大陸雜誌》第 22 卷第 8 期，1961 年 4 月。

43　〔日〕神田喜一郎：《與陳鐵凡先生論古文尚書》，《大陸雜誌》第 23 卷第 2 期，1961 年 7 月。

於何處？對此已經有學者作了探索，也做了一些工作。劉師培《敦煌新出唐寫本提要》對寫卷的隸古字作了考察，他認為大多與《說文》及《三體石經》之古文相合[44]。內野熊一郎《敦煌本尚書釋文殘卷の研究——特にその文字學的究明により「隸古定」の定義を再檢討》（《中國文化研究會會報》第 2 卷第 2 號，1951 年 10 月）認為隸古定字來自於多種不同的字體，如古文、籀文、篆文、隸體等。小林信明《古文尚書の研究》（大修館書店 1959 年版），據敦煌寫本、日本古寫本等《隸古定尚書》的材料，逐字考校，並列出每一個隸古字形演變的過程，這是自「《尚書》研究以來對隸古定字體作比較研究的第一部著作」[45]。但該書所用的唐寫本材料明顯不足，只有 18 號寫卷（P. 2516、P. 2533、P.2630、P.2643、P.2748、P.2980、P.3015、P.3169、P.3315、P.3469、P.3615、P.3628、P.3752、P.3767、P.4509 及 S.799、S.801、S.2074）。蔡主賓《敦煌寫本儒家經籍異文考》（臺灣政治大學中國文學研究所碩士論文，嘉新水泥公司文化基金會 1969 年版）也對某些隸古字有所考釋。陳鐵凡《尚書敦煌卷序目題記》（《包遵彭先生紀念論文集》，臺北歷史博物館 1971 年版）則對 P.2549《古文尚書虞夏周書目錄》中的每一個隸古字作了詳細考察，力圖找出其源頭。林平和《敦煌〈隸古定尚書〉寫卷中原自〈說文解字〉古文之隸字研究》（《第四屆中國文字學全國學術研討會論文集》，大安出版社 1993 年版）根據二十四件《尚書》寫卷，對二十八個隸古字作了考辨，將它們分為「原自《說文解字》古文之隸字」與「增易《說文解字》古文之隸字」兩類。臧克和《尚書文字校詁》（上海教育出版社 1999 年版）在對今文尚

---

44　劉師培：《敦煌新出唐寫本提要・隸古尚書孔氏傳夏書殘卷》，《劉申叔遺書》，江蘇古籍出版社 1997 年版，第 2022 頁。

45　劉起釪：《日本的尚書學與其文獻》，商務印書館 1997 年版，第 44 頁。

書二十八篇的校詁過程中，利用了《尚書文字合編》中所收之敦煌寫本及日本古寫本，也對隸古字作了一些探源式的考辨。徐在國《隸定古文疏證》（安徽大學出版社 2002 年版），對摘自十三種古籍（包括《敦煌寶藏》中所收敦煌《尚書》殘卷）中的隸古定字，作了較全面的梳理，大量地利用出土古文字考察隸古定字的來源及其演變。這是迄今為止對隸古字收集最全的一部書。但該書的考證還較粗疏，利用的材料也較少，它甚至沒有利用薛季宣《書古文訓》及李遇孫《尚書隸古定釋文》，也很少利用海內外關於《尚書》寫卷中隸古字研究的論著。而且它也不是專為研究《尚書》隸古字來源而作。所以，廣泛收集有關《尚書》隸古字的資料，運用文字學、音韻學等有關知識，並且密切結合《尚書》研究的成果，從歷史的角度全面進行考辨，或許能梳理出隸古字的來龍去脈。

4. **梅頤所上《隸古定尚書》的原貌。**梅頤本是全為隸古字本，還是部分隸古字本，歷來看法不一，而且以陸德明、段玉裁、顧頡剛、劉起釪等以部分隸古字本為原本的說法占上風。近來，孫啟治發表論文，認為陸德明所見的隸古定字較多的本子「倒有可能是接近原貌的本子」[46]。我想若欲了解其真相，不是僅僅收集一些隸古字略作考辨就能辦到的，需要對全部《尚書》材料（包括石經、唐寫本、日本古寫本、歷代文獻引用以及考古發現的古文字）作全方位的、深層次的分析、研究。

（原載季羨林、饒宗頤主編《敦煌吐魯番研究》第 7 卷，中華書局

---

46　孫啟治：《略論〈尚書〉文字問題》，《歷史文獻》第 5 輯，上海科學技術文獻出版社 2001 年版，第 252 頁。

2004 年版，收入許建平《敦煌文獻叢考》時略有修訂。此據《敦煌文獻叢考》中華書局 2005 年版）

# 由敦煌本與岩崎本互校
# 看日本舊鈔《尚書》寫本之價值

　　藏經洞所出敦煌文獻之價值世所共知，毋需贅言，其中傳統經籍寫卷的價值，前人多有闡發，我在《敦煌經籍敘錄》的「緒論」中亦從輯佚、校勘、文字、音韻、版本五個方面作了介紹[1]。但敦煌寫卷的一個特點就是「殘」，幾乎全是殘卷，并包含了大量的碎片。絕大多數典籍都有殘缺，無法復原當時流行之文本全貌，其價值不免要打許多折扣。東瀛日本存有為數不少的漢文古抄文獻，其中也不乏平安時期（約當唐宋）寫本，時代正與敦煌寫本相近，而其源頭應是六朝至唐時從中國流傳到日本的寫本。

　　在中國本土，除了敦煌、吐魯番寫本外，衛包改字前之隸古定《尚書》，只能在《書古文訓》中略窺一斑，但此書之真偽莫辨，不可以之

---

1　許建平：《敦煌經籍敘錄》，第 1-21 頁。

　　為隸古定《尚書》真本[2]。而在日本卻保存有大量的隸古定《尚書》寫本，劉起釪《日本的尚書學與其文獻》闢專章作了詳細的介紹[3]，顧頡剛、顧廷龍的《尚書文字合編》影印了岩崎本、九條本、神田本、島田本、內野本、元亨本、觀智院本、古梓堂本、天理本、足利本、影天正本、八行本等十二種[4]，這是目前我們能比較方便地看到的日本《尚書》古寫本資料。

　　敦煌寫本殘損特甚，所存者不及《尚書》全本的一半，日本所存舊抄本多存全文，即使如平安時期的早期寫本，其所存內容亦遠遠超過敦煌本。本文擬將日本舊抄岩崎本《尚書》殘卷與敦煌《尚書》寫本相關部分進行比較，以考探日本舊鈔本之價值，藉以明日本舊鈔本與敦煌寫本互證的重要意義。

　　岩崎氏所藏隸古定《尚書》，有三件寫本，分別為第三、第五、第十二卷：(1)第三卷，存《禹貢》殘篇，起「夾右碣石，入于河」之「河」，至「三邦底貢厥名」偽孔傳「其名天下稱善」，共四十六行，經文單行大字，傳文雙行小字。(2)第五卷，存《盤庚》上中下、《説命》上中下、《高宗肜日》、《西伯戡黎》、《微子》九篇，起《盤庚上》「我王來，既爰宅于茲」之「茲」，至《微子》「我不顧行遯」偽孔傳「所執各異，皆歸於仁」之「各」，共二百三十七行，經文單行大字，傳文雙行小字。(3)第十二卷，存《畢命》、《君牙》、《冏命》、《呂刑》四篇，起《畢命》「以成周之眾」，至《呂刑》末，共一百九六行，經文單行大字，傳文雙行小字。內藤虎云：「第五、第十二兩卷實與神田香巖君

2　筆者曾有《薛季宣〈書古文訓〉所據〈古文尚書〉的來歷與真偽》一文，提交 2011 年 6 月在嘉義大學召開的第三屆宋代學術國際研討會。

3　劉起釪：《日本的尚書學與其文獻》，商務印書館 1997 年版，第 71-117 頁。

4　顧頡剛、顧廷龍輯：《尚書文字合編》，上海古籍出版社 1996 年版

藏《尚書》殘卷同出一手，第三卷自屬別手，但其並為初唐人手筆。」[5]
按第三卷《禹貢》殘篇與九條本《禹貢》殘篇為一卷之裂，只不過中間殘缺一行，不能直接綴合。

與岩崎本內容相應的敦煌寫本有 P.3615 + P.3469《禹貢》、P.5522《禹貢》、P.2643《盤庚上 —— 微子》、S.11399+P.3670+P.2516《盤庚上——微子》，各卷的詳細介紹請參拙著《敦煌經籍敘錄》。

本文將從五個方面闡述日本舊抄本岩崎本的文獻價值，至於岩崎本的不足之處，如訛誤衍脫者，或敦煌本存隸古定字而岩崎本已改為今字者，不在本文中展開討論。

本文所引用《尚書》經傳據《中華再造善本》影印之北京大學所藏宋刻本，簡稱「宋本」。

## 一、岩崎本可佐證敦煌本之文字為隸古定《尚書》原貌

現在我們所看到的《尚書》，是東晉元帝時豫章內史梅頤獻上的據說是孔安國作傳的《古文尚書》，是用一種隸古定字寫成的。到唐玄宗天寶三載（744），詔集賢院士衛包把隸古定字改為今字，其經文於唐文宗開成年間刻成「開成石經」，行於天下，遂使隸古定《尚書》之原貌不可見。雖然宋人薛季宣《書古文訓》所錄《尚書》經文為隸古定《尚書》，但人們大多懷疑它的真實性。直到藏經洞的敦煌寫本出土，人們纔看到了隸古定《尚書》的真相。但敦煌隸古定《尚書》所存寫卷不多，複本更少，欲藉之以考定隸古定《尚書》文字之原貌，頗有捉襟見肘之處。今得日本古抄本作為參校本以助敦煌本之考辨，遂有

---

左右逢源之暢意。如：

　　1.《禹貢》：「濟、河惟兗州。」

　　P.3615「兗」作「沇」，《說文外編》云：「《說文》有『沇』字，無『兗』字。《口部》『㕣』下曰：『讀若沇州之沇。』《史記，夏本紀》『濟河維沇州』，皆作『沇』。『兗』字下體從允，上體不知所從，不成字。」[6]敦煌本正可證成雷濬之說。《尚書校釋譯論》云：「《夏本紀》作『沇州』，此為今文。《漢書‧天文志》：『角、亢、氐，沇州。』當系承用今文。《集解》引鄭玄注亦作『沇州』，則為古文。敦煌寫本P.3615亦作『沇州』，則為偽古文。《爾雅‧釋地》：『濟河間曰兗州。』《釋名‧釋州國》亦作『兗州』，皮氏《考證》以此為今文說。是漢今文又用此體。」[7]

　　按：《說文》無「兗」字，「漢今文又用此體」之說可疑。邵晉涵《爾雅正義》認為「兗當作沇」[8]，《周禮‧夏官‧職方氏》「河東曰兗州」孫詒讓正義：「兗，正字當作沇。」[9]今本《爾雅》作「兗」者，已遭改動之本也。《尚書》之古文、今文、偽古文皆作「沇」不作「兗」。陸宗達、王寧云：「《說文》有『㕣』字，讀以轉切，當『山間淹泥地』講。但這個字古代文獻不用，古代文獻寫作『沇』，也就是後來的『兗』字。『沇』後來專作水名，出河東東垣王屋山，東為沛水，入海。以水命州名，又制『兗』字。」[10]岩崎本此字亦作「沇」，與敦煌本同。陳

6　（清）雷濬：《說文外編》卷三《經字‧書》，《中華漢語工具書書庫》第 35 冊，安徽教育出版社 2002 年版，第 269 頁。

7　顧頡剛、劉起釪：《尚書校釋譯論》，中華書局 2005 年版，第 551 頁。

8　（清）邵晉涵：《爾雅正義》，《清經解》第 3 冊，上海書店 1988 年版，第 597 頁。

9　（清）孫詒讓撰，王文錦、陳玉霞點校：《周禮正義》卷六十三《夏官‧職方氏》，中華書局 1987 年版，第 2664 頁。

10　陸宗達、王寧：《古漢語詞義答問》，甘肅人民出版社 1986 年版，第 116 頁。

鐵凡云:「易沈為㲹,則在天寶改字以後。」[11]謂「㲹」為衛包所改也。
據敦煌本、岩崎本作「沈」,陳氏之說可從。

　　2.《盤庚下》:「朕及篤敬恭承民命。」

　　P.3516、P.2643「篤」皆作「竺」。《説文・二部》:「竺,厚也。」[12]
段注:「《爾雅》、《毛傳》皆曰『篤,厚也』。今經典絕少作『竺』者,
惟《釋詁》尚存其舊,叚借之字行而真字廢矣。篤,馬行鈍遲也。聲
同而義略相近,故叚借之字專行焉。」[13]按段氏所謂「《釋詁》尚存其
舊」者,《爾雅・釋詁下》:「惇、亶、祐、篤、掔、仍、肶、埤、竺、
腹,厚也。」[14]陸德明《釋文》云:「竺,字又作篤,同。」[15]嚴元照《爾
雅匡名》云:「篤係假借字。」[16]錢大昕《十駕齋養新錄》曰:「篤厚字
本當作竺,經典多用篤,以其形聲同耳。」[17]楊樹達云:「竺篤同訓厚,
《説文》竺訓厚,篤訓馬行頓遲,知竺為本字,而篤為竺之假字也。」[18]
諸家皆以為訓「厚」之本字為「竺」,作「篤」者乃假借字耳。惠棟《九
經古義》曰:「君子篤於親,《汗簡》云:『《古論語》篤作竺。』」[19]上
博簡《容成氏》第9簡「竺義與信」,李零即釋「竺」為「篤」[20]。是

---

11　陳鐵凡:《敦煌本虞夏書校證補遺》,《大陸雜誌》第38卷第2期,1969年1月。

12　《説文解字》十三篇下《二部》,第286頁。

13　《説文解字注》十三篇下《二部》,第681頁。

14　《爾雅注疏》卷二《釋詁下》,第23頁。

15　《經典釋文》卷二十九《爾雅音義上・釋詁第一》「竺」條,第409頁。

16　(清)嚴元照:《爾雅匡名》,《清經解續編》第2冊,上海書店1988年版,第1161
　　頁。

17　(清)錢大昕:《十駕齋養新錄》卷五「舌音類隔之説不可信」條,第113頁。

18　楊樹達:《積微居小學述林》,第240頁。

19　(清)惠棟:《九經古義》,《清經解》第2冊,上海書店1988年版,第779頁。

20　馬承源主編:《上海博物館藏戰國楚竹書(二)》,上海古籍出版社2002年版,第257
　　頁。

古文作「竺」不作「篤」也。隸古定用本字「竺」，後人改為借字「篤」。竺、篤中古音有舌頭、舌上之分，其在上古，則同音也。P.3516、P.2643 寫作「竺」，隸古定《尚書》原貌也，岩崎本亦作「竺」，內野本、元亨本亦作「竺」，皆可助證敦煌本。

## 二、敦煌本已改為今字，而岩崎本存隸古定《尚書》原貌

唐玄宗天寶三載（744），衛包將《尚書》隸古字改為今字，是否是將一個全為隸古字的本子改為今字呢？答案是否定的。衛包本（《開成石經》）也有古字之遺存，應是依某一種流傳的古今字雜糅的本子改定，並非依據全古字本而改[21]。王重民云：「蓋六朝至唐，由隸變楷，在書法進化上，為自然之趨勢；特以此經獨有古文之名，學者狃於師承，遞相傳寫，故字體之變化亦獨緩。然在楷變時期，墨守者其經本變化少，聰明者其經本變化多，衛包以前，必非昔時經本之舊矣。」[22]如 S.799 第七十一行「旡生魄庹邦」五字乃誤衍，正文在七十二行，卻寫作「旡生魄庶邦」，「庶」字由從「火」寫作從「从」，由小篆隸定字變成了隸變字。此為抄寫者隨手改動的例子，因而前後不照應。又如 P.2643 第二百一十行《高宗肜日》「惟天監下」，第二百四十六行《微子》「用亂敗厥德於下」，「下」字原皆寫作「丅」，後用紅筆加一點成「下」；第二百三十四行《西伯戡黎》「乃皋多爭在上」，第二百四十四行《微子》「我祖底遂陳於上」，「上」乃是在「丄」字上又用紅筆加一橫而成。此為校閱者隨手改動的例子。敦煌寫本並非隸古定原本，均

---

21　說參許建平《敦煌經籍敘錄》，第 71 頁。

22　王重民：《巴黎敦煌殘卷敘錄》第 1 輯，黃永武主編《敦煌叢刊初集》第 9 冊，新文豐出版公司 1985 年版，第 112 頁。

為已被改動之本，那些改成今字之處，若欲復原其隸古定原貌，以校勘學上之對校法即用其他版本文字作為直接證據，是最為有效而方便的方法，而日本古寫本正可作為這樣的對校本。試舉二例，以明岩崎本所存為隸古定《尚書》原貌。

1.《禹貢》：「杶、榦、栝、柏，礪、砥、砮、丹。」

P.5522「礪」作「礪」，字書不見「礪」字，然「溝」字《石鼓文》作「溝」[23]，「糒」字《説文》作「糒」[24]，「礪」蓋亦「礪」之異體。段玉裁《古文尚書撰異》改「礪」為「厲」，云：

> 《唐石經》作「礪」，俗字也，必衛包所改，今更正。唐貞觀時釋元應《眾經音義》引《尚書》「砅砥砮丹」，宋庠《國語補音》引《古文尚書》「若金，用汝作砅」，《汗簡》、《古文四聲韻》皆曰「泵，古文礪」，《集韻》礪、砅、厲為一字。宋氏所謂《古文尚書》者，宋次道、王仲至家本，語在偽《說命》也。而貞觀時元應所引《禹貢》亦作「砅」，此等字必本於《三體石經》，非無根據也。[25]

《書古文訓》作「砅」[26]，李遇孫《尚書隸古定釋文》曰：

> 《說文·水部》：「砅，履石渡水也，從水從石。《詩》曰：深則砅。」今《毛詩》及《論語》所引並作「厲」，則「砅」即「厲」字。又案「礪」應作「厲」，《說文》「礪」在石部新附，注云：「經典通用

---

23　商承祚：《石刻篆文編》，中華書局 1996 年版，第 525 頁。

24　《説文解字》七篇上《米部》，第 147 頁。

25　段玉裁：《古文尚書撰異》卷三《禹貢第三》，第 1869 頁。

26　薛季宣：《書古文訓》卷三《禹貢》，第 8B 頁。

屬。」《漢書》引此亦作「屬」。[27]

　　岩崎本亦作「砅」，另內野本、足利本、影天正本亦作「砅」，必隸古定原貌也。《說命上》「若金，用汝作礪」[28]，P.2516、P.2643「礪」作「砅」，則尚未改字也，此處岩崎本亦作「砅」，與敦煌本同。

　　2.《禹貢》：「厥篚玄纖縞。」

　　P.3469 與宋本同，亦作「纖」，而岩崎本則作「䋼」，《玉篇・戈部》：「韯，細也，今作䋼。」[29]「䋼」為「纖」之變體字。

　　《說文・韭部》：「韱，山韭也。」[30]張舜徽《說文解字約注》曰：「凡山中自生之物，率視家園毓殖者為小，以其無糞澤之利也。山韭亦然，其葉甚細。蓋韱之言纖也，凡從韱聲之字多有小義，亦以此耳。」[31]故繒帛之細者曰纖，手指細者曰攕，女子身材纖細者曰孅，竹籤尖銳者曰籤，木楔子曰櫼。甲金文不見「韱」、「纖」二字，「韱」字今所見最早出現於睡虎地秦簡《為吏之道》：「凡為吏之道，必精絜正直，慎謹堅固，審悉毋私，微密韱察，安靜毋苛。」[32]整理者釋「韱」為「纖」。馬王堆帛書《相馬經》「韱入目下」句，陳松長以為「韱」即「纖」字[33]。而「纖」字最早見於《說文》。「纖」實「韱」之孳乳字，諸從「韱」之字如攕、孅、籤、櫼亦皆「韱」之孳乳字。《書古文訓》

27　李遇孫：《尚書隸古定釋文》卷四《禹貢》，第 57 頁。

28　《尚書正義》卷十《說命上》，第 140 頁。

29　《宋本玉篇》卷十七《戈部》，第 317 頁。

30　《說文解字》七篇下《韭部》，第 149 頁。

31　張舜徽：《說文解字約注》卷十四，中州書畫社 1983 年版，第 4B 頁。

32　睡虎地秦墓竹簡整理小組：《睡虎地秦墓竹簡》，文物出版社 1990 年版，第 167 頁。

33　陳松長：《馬王堆簡帛文字編》，文物出版社 2001 年版，第 300 頁。

亦作「鐵」[34]，與岩崎本同。後「厥篚纖鑛，錫貢磬錯」句之「纖」，
P.3169 同，九條本與《書古文訓》均作「鐵」[35]。是作「鐵」者，隸古
定《尚書》原貌也。

## 三、岩崎本可佐證敦煌本糾傳世刻本之訛誤

　　典籍輾轉傳抄，不僅有魯魚亥豕之偶誤，亦有增刪改削之臆為，
善本古本之可貴即在於此。敦煌寫本為宋初以前文本，其時代遠遠早
於「一頁一金」之宋刻本，可藉以校正歷代刊刻版本之訛誤衍脫。岩
崎本亦相當於唐朝時寫本，可以印證敦煌本之善。且看以下二例：

　　1.《盤庚上》：「汝無侮老成人，無弱孤有幼。」

　　「侮老成人」，P.2643、P.3670 作「老侮成人」。王鳴盛《尚書後案》
云：「蔡邕《石經》殘字云：『女毋翕侮成人，毋流。』……然侮與成
連文，則知老與弱對，侮與孤對，成人與有幼對。經意謂無侮老其成
人者，無弱孤其有幼者，不可以《大雅‧蕩篇》『老成人』說此經。鄭
注確甚，偽孔非也。」[36]段玉裁《古文尚書撰異》云：「古文《尚書》
作『無老侮成人，無弱孤有幼』，鄭注：『老、弱，皆輕忽之意也。』
偽孔傳與鄭注本同。孔傳『老成人』三字為經文『老侮』張本，非孔
作『侮老成人也』。《唐石經》作『老侮』不誤。今版本作『侮老』，因
『老成人』三字口習既孰，又誤會孔傳，故倒亂之。」[37]西莊未覈《唐

---

34　薛季宣：《書古文訓》卷三《禹貢》，第 5B 頁。

35　此九條本《禹貢》與岩崎本《禹貢》為一卷之裂。

36　（清）王鳴盛撰，張其昀等點校：《尚書後案》卷六《商書‧盤庚上》，陳文和主編
　　《嘉定王鳴盛全集》第 1 冊，中華書局 2010 年版，第 445 頁。

37　段玉裁：《古文尚書撰異》卷六《盤庚上第六》，第 1909 頁。

石經》，故謂偽孔本非，其實偽孔本並不誤，敦煌本作「老侮成人」，亦可證。岩崎本亦作「老侮成人」，更可為敦煌本佐證。王引之曰：「自某氏誤以『孤有幼』連讀，後人遂改『老侮成人』為『侮老成人』，而以『老成人』連讀矣。」[38]伯申所謂「某氏」者，偽孔傳之作者也。《唐石經》尚作「老侮」，則改之者，更在唐文宗開成以後也。

2.《高宗肜日》：「惟天監下民，典厥義。」

P.2643、P.2516無「民」字。莊述祖《尚書今古文考證》云：「《史記》無『民』字，是。」[39]案《史記‧殷本紀》：「祖己乃訓王曰：『唯天監下典厥義，降年有永有不永。』」[40]是司馬遷所見《尚書》無「民」字。陳鐵凡云：「疑本無『民』字，後世據《傳》增補。『天監下』殆即《詩‧大明》『天監在下，有命既集』、《蒸民》『天監有周，照臨下土』之誼也。」[41]今岩崎本亦無「民」字。「民」當是後人據偽孔《傳》「言天視下民」而添。《唐石經》已有此「民」字，而 P.2643 抄於唐肅宗乾元二年（759）[42]，已在天寶三載（744）衛包改字以後，可見當時已流行有「民」、無「民」兩種文本。臧克和曰：「敦煌本伯2516經文作『惟天監下』，從傳文作『言天視下民』和《書古文訓》、唐石經來看，該本奪一『民』字。但敦煌本伯2643亦作『惟天監下』，足利本、內野本亦同，諸本均無『民』字。按金文尚未見『下民』一詞，僅見『下或（國）』的辭例。」[43]模棱其辭，而持兩可之論。

---

38　王引之：《經義述聞》卷三《尚書上》「無弱孤有幼」條，第81頁。

39　（清）莊述祖：《尚書今古文考證》卷二，《續修四庫全書》第46冊，上海古籍出版社1995年版，第428頁。

40　《史記》卷三《殷本紀第三》，第103頁。

41　陳鐵凡：《敦煌本商書校證》，臺北長期發展科學委員會1965年版，第68頁。

42　許建平：《敦煌經籍敘錄》，第99頁。

43　臧克和：《尚書文字校詁》，上海教育出版社1999年版，第191頁。

敦煌與日本古寫本不僅可以糾正後世版刻本《尚書》經文之誤，亦可糾正偽孔傳之訛誤。如：

1.《禹貢》「瑤琨篠蕩」傳：「瑤、琨，皆美玉。」

P.3469「美玉」作「美石」。段玉裁《古文尚書撰異》云：「孔《傳》：『瑤琨，皆美石也。』《正義》曰：『美石，似玉者也。』《釋文》曰：『瑤琨，美石也。』今本注、疏及《史記》皆譌作『美玉』。」[44]按《史記・夏本紀》「瑤、琨、竹箭」裴駰《集解》引孔安國曰：「瑤、琨，皆美玉也。」[45]內藤虎《岩崎本跋》云：

《史記・夏本紀集解》宋百衲本、紹興本亦同。但岩崎男所藏舊鈔本「瑤琨竹箭」，《集解》：「孔安國曰：『瑤、琨皆美石。』」實同此本。按孔穎達疏「瑤、琨皆美玉」云：「美石似玉者也。玉、石其質相類，美惡別名也。王肅云：『瑤、琨，美石次玉者也。』」近人多疑偽《孔傳》出於王肅，此《傳》乃與王異，故王先謙謂偽孔此《傳》與王異而誤。今見此本，知偽孔實不與王異。其異者，《尚書》、《史記》皆出於宋版訛本。[46]

是岩崎氏所藏舊抄本《史記》作「美石」，不作「美玉」。岩崎氏所藏《尚書》亦作「美石」，與敦煌本同，足證段氏之說。

2.《說命下》「若作和羹，爾惟鹽梅」傳：「鹽，鹹；梅，醋。羹須鹹、醋以和之。」

P.2643、P.2516兩「醋」皆作「酢」。李惇《群經識小》「醋酢」條

---

44　段玉裁：《古文尚書撰異》卷三《禹貢第三》，第1865頁。

45　《史記》卷二《夏本紀第二》，第60頁。

46　轉引自《尚書文字合編》第四冊《附錄》，第451—452頁。

云：

> 醋酢二字，經典多混。《說文·酉部》「醋」字下云：「客酌主人
> 也，從酉昔聲。」此酬醋之醋也，入聲。「酢」字下云：「醶也，從酉
> 乍聲。」此醶酢之酢也，去聲。「酸」字下云：「酢也。」「醶」字、「酸」
> 字下並云：「酢漿也。」今以酢為酬醋之醋，讀作入聲。以醋為醶酢之
> 酢，讀作去聲。音義俱相反矣。[47]

岩崎本亦作「酢」，與敦煌本相同，可見《孔傳》本作「酢」，不作「醋」
也。據徐時儀考證，「醋、酢兩字發展演變至唐代，在俗用義中已各有
分工，而與《說文》等辭書的解釋不相一致。這兩字分別表示『酸漿』
和『酬酢』義的明確分工的最後約定俗成，約在裴務齊《正字本刊謬
補缺切韻》成書的唐中宗時，至遲不會晚於宋代，《唐韻》（蔣斧本）
和宋本《廣韻》的記載可為佐證」[48]。P.2643 抄於唐肅宗乾元二年，是
改「酢」為「醋」必在其後也。

## 四、可據岩崎本以證敦煌本之誤

敦煌本雖然可貴，但畢竟已是經過轉輾傳抄的卷子，其有訛誤，
在所難免。若後世刊刻版本沒有相關異文可證實其誤者，則《尚書》
經傳之原貌終將難以為世人所知曉。而日本古寫本由於時代早，所存
多，正可彌補這一缺憾。以下兩例，正是據岩崎本以糾敦煌本之誤者。

---

47　（清）李惇：《群經識小》，《清經解》第 4 冊，上海書店 1988 年版，第 882 頁。

48　徐時儀：《慧琳音義引切韻考》，徐時儀、陳五雲編《語苑集錦——許威漢先生從教
　　50 週年紀念文集》，上海教育出版社 2001 年版，第 89 頁。

　　1. 《禹貢》：「彭蠡既豬，陽鳥攸居。」

　　P.3469「攸」作「迀」，凡《尚書》「攸」字，敦煌本或從隸古字作「逌」[49]，或從今字作「攸」，作「迀」唯此一見。《集韻·尤韻》：「迀、遒、遊，行也。或從子、從斿。通作游。」[50]《說文》有「游」無「遊」，以「遒」為「游」之古文[51]，而先秦古文有「遊」無「游」[52]，《玉篇·辵部》以「遒」為「遊」之古文[53]，《集韻》以「迀」為「遒」之異體，而「迀」則「遒」之省筆也。《大禹謨》「罔遊於逸，罔淫於樂」，《益稷》「無若丹朱傲，惟慢遊是好」，「遊」字《書古文訓》皆作「迀」[54]，是「遊」之隸古字作「迀」也。「陽鳥攸居」之「攸」，岩崎本作「逌」，即「攸」之隸古字，敦煌本作「迀」為誤字，「迀」為「遊」之古字，非「攸」之古字也。

　　2. 《禹貢》「夾右碣石，入于河」傳：「禹夾行此山之右，而入河逆上。」

　　P.3615「上」下有「地」字。阮元《尚書校勘記》無校語，是其所見《尚書》諸版本「上」後無字。按岩崎本「上」下有「也」字，敦煌本「地」應是「也」之誤字[55]。內野本、足利本、影天正本、八行本亦均作「也」，可為岩崎本之佐證。

---

49　《漢書·地理志上》：「漆沮既同，酆水攸同。」顏注：「攸，古攸字也。」（《漢書》卷二十八上《地理志第八上》，第 1532 頁）P.3168 亦作「逌」，宋本作「攸」。

50　《集韻》卷四《平聲四·十八尤》，第 258 頁。

51　許慎：《說文解字》七篇上《㫃部》，第 140 頁。

52　商承祚：《中山王響壺、鼎銘文芻議》，《上海博物館集刊——建館三十週年特輯》，上海古籍出版社 1983 年版，第 71 頁。

53　《宋本玉篇》卷十《辵部》，第 197 頁。

54　薛季宣：《書古文訓》卷二《大禹謨》、《益稷》，第 2A、17B 頁。

55　陳鐵凡：《敦煌本虞夏書校證補遺》，《大陸雜誌》第 38 卷第 2 期，1969 年 1 月。

## 五、可藉岩崎本以考見《尚書》傳本之異文

　　《尚書》在流傳過程中，由於古文與今文之分，隸古字與楷字之別，或傳抄訛誤，或以意擅改，不可避免地產生了大量異文。常見的異文，前人論著多有收集，此不具論。岩崎本中有既不見於傳世刊本，亦不見於敦煌寫本的異文，卻能印證文獻引用《尚書》所見之異文，可為了解《尚書》流傳過程中的文本變化提供重要材料。

　　1.《禹貢》：「嵎夷既略，濰、淄其道。」

　　「濰」字 P.3615 作「惟」，岩崎本則作「淮」。

　　王鳴盛《尚書後案》云：

　　《釋文》曰：「濰音惟。本亦作惟。又作維。淄，側其反。」案曰：《漢書・地理志》引作「惟甾」。師古曰：「惟字今作濰，甾字或作淄，古今通用也。」《地理志》瑯邪郡朱虛下、箕下又作「維」，靈門下、橫下、折泉下又作「淮」。《王子侯表》「城陽頃王子東淮侯類封北海」，北海郡別無淮水，又濰之異文。《通鑑・梁武帝紀》「魏李叔仁擊邢杲於惟水」。胡三省注：「惟當作濰。」是濰、維、惟、淮一也。[56]

馬宗霍《說文解字引經考》云：

　　《說文》無淄字，則此引或本作甾，為𤰞之重文，其字從講巛，巛從川，故借為水名耳。濰字《漢志》又或省水作維，或省糸作淮。《書釋文》亦曰：「濰，本亦作惟，又作維。」與《漢志》可互印。維、淮、

---

56　王鳴盛：《尚書後案》卷三《虞夏書・禹貢》，陳文和主編《嘉定王鳴盛全集》第 1 冊，第 204 頁。

惟皆以同聲叚借，許引作「濰」，古文正字也。[57]

岩崎本作「淮」，與《漢書・地理志》及《王子侯表》同，可知《尚書》亦有作「淮」之本也。

2.《盤庚中》：「予迓續乃命於天，予豈汝威？」

「迓」字 P.2516、P.2643 作「卸」，岩崎本則作「御」。

顏師古《匡謬正俗》卷二引《盤庚》云：「予御續乃命於天。」[58] 段玉裁《古文尚書撰異》云：「此唐初本作『御』之證，《唐石經》已下作『迓』者，衛包改也。……訓迎之字本作訝，其作迓者，又訝之別體，《說文》所無也。」[59]惠棟《九經古義》云：「此經與《牧誓》『弗迓克奔』，皆當作『御』。趙宋以來儒者見孔氏訓『御』為『迎』，遂改作『迓』（或衛包所改）。」[60]鄭珍《說文逸字》云：「迎迓字《周禮》作訝，諸經作御，此俗增。」[61]《說文》不收「迓」字，新附有之，段氏云：「迓俗字，出於許後，衛包無識，用以改經，不必增也。」[62]按睡虎地秦簡有「迓」字[63]，知《說文》時有此字，許慎遺漏耳。只是此「迓」字讀作「牙」，不釋作「迎」也。顏師古所見《尚書》作「御」，岩崎本作「御」，《書古文訓》亦作「御」[64]，此《尚書》之隸古定本也。

---

57　馬宗霍：《說文解字引經考》第 2 冊第 2 卷，科學出版社 1958 年版，第 16B 頁。

58　劉曉東：《匡謬正俗平議》，山東大學出版社 1999 年版，第 37 頁。

59　段玉裁：《古文尚書撰異》卷七《盤庚中第七》，第 1912 頁。

60　惠棟：《九經古義》，《清經解》第 2 冊，第 751 頁。

61　鄭珍：《說文逸字》附錄《大徐新增》，《續修四庫全書》第 223 冊，上海古籍出版社 1995 年版，第 385 頁。

62　《說文解字注》三篇上《言部》，第 95 頁。

63　洪燕梅：《說文未收錄之秦文字研究：以〈睡虎地秦簡〉為例》，文津出版社 2006 年版，第 151 頁。

64　薛季宣：《書古文訓》卷六《盤庚》，第 68 頁。

明義士《柏根氏舊藏甲骨文字考釋》云：「卸御本一字，許氏誤分為二耳。」[65]馬敘倫云：「古書無作卸者，證之甲文，卸即御之省彳者也，當為御之重文。」[66]敦煌本作「卸」者，「御」之別體也。

　　以上所論，僅是舉例性質，岩崎本之優勝處並非這區區幾條，然僅此即可見其價值之大。探討隋唐五代時期《尚書》寫本舊貌，日本舊抄本的價值是無與倫比的。對於《尚書》如此，對於其他敦煌文獻亦如此。敦煌文獻的校勘整理，雖然已有學者意識到並在研究中對日本古寫本有所利用，但囿於條件，並沒有形成共識，更沒有進行全面的整理研究，更深入而廣泛的研究仍有待於學術界的進一步關注。

　　（原載饒宗頤主編《敦煌吐魯番研究》第 14 卷，上海古籍出版社 2014 年版）

---

65　轉引自李玲璞主編《古文字詁林》第 2 冊，上海教育出版社 2000 年版，第 520 頁。
66　馬敘倫：《說文解字六書疏證》卷十七，上海書店 1985 年版，第 55 頁。

# 日本舊鈔岩崎本《尚書》寫卷校證

—— 兼論與敦煌寫本互證的重要性

　　岩崎家所藏隸古定《尚書》，有三件寫本，分別為第三、第五、第十二卷[1]。

　　內藤湖南云：「第五、第十二兩卷實與神田香巖君藏《尚書》殘卷同出一手，第三卷自屬別手，但其並為初唐人手筆。」[2]劉起釪《日本的尚書學與其文獻》也有介紹[3]。顧頡剛、顧廷龍的《尚書文字合編》影印了岩崎本。

　　內藤湖南在《岩崎本跋》中詳考了《禹貢》「瑤琨篠簜」偽孔傳「瑤琨皆美石也」句之異文後言：「惟此一條，已足見其愈於諸本。異日當全錄校語，盡發其佳處也。」[4]恕我孤陋，迄今未見有對岩崎本《尚書》

---

1　寫卷情況的介紹已見前文《由敦煌本與岩崎本互校看日本舊鈔〈尚書〉寫本之價值》。

2　轉引自《尚書文字合編》第 4 冊《附錄》，第 451 頁。

3　劉起釪：《日本的尚書學與其文獻》，第 71-117 頁。

4　轉引自《尚書文字合編》第 4 冊《附錄》，第 454 頁。

通校者。在研究中以岩崎本《尚書》為對校本者，亦不甚多，主要有陳鐵凡《敦煌本商書校證》、劉起釪《尚書校釋譯論》、陳鴻森《禹貢注疏校議》諸篇[5]。

對岩崎本作全面通校，茲事體大，非短期可以蕆工。本文摘取若干條進行考釋，並談談利用敦煌本校勘岩崎本的重要性。

本文所據岩崎本即顧頡剛、顧廷龍的《尚書文字合編》所影印者，用以對校之《尚書》則據《中華再造善本》影印之北京大學所藏宋刻本，在文中簡稱「宋本」。

1. 雷夏無澤，灉、沮𡶫同。（禹貢）

宋本「灉」作「灘」，「𡶫」作「會」。

《史記·夏本紀》、《漢書·地理志上》、《周禮·夏官·職方氏》「其浸盧、維」鄭注引《禹貢》：「雷夏既澤，雍、沮會同。」[6]「灘」字均作「雍」。《史記》、《漢書》所據者今文《尚書》，《周禮》為古文經，其所據者古文《尚書》也。故王先謙謂今、古文《尚書》俱作「雍」，偽古文作「灘」[7]。劉起釪從之[8]。

《說文》無「雍」字，季旭昇於《說文新證》「雝」篆下云：「甲骨文從隹、呂聲，或從水，羅振玉以為『古辟雍字如此』。呂形或省其一作口形。戰國楚文字『呂』形訛為『邑』形，為後世隸楷所本。武威

5　陳鴻森：《禹貢注疏校議》，《大陸雜誌》第 79 卷第 6 期，1989 年 12 月。

6　（漢）司馬遷撰，（南朝宋）裴駰集解，（唐）司馬貞索隱，（唐）張守節正義：《史記》卷二《夏本紀》（修訂本），中華書局 2013 年版，第 69 頁；《漢書》卷二十八上《地理志上》，第 1525 頁；《周禮注疏》卷三十三《夏官司馬第四·職方氏》，第 500 頁。

7　（清）王先謙撰，何晉點校：《尚書孔傳參正》卷六《禹貢》，中華書局 2011 年版，第 256 頁。

8　顧頡剛、劉起釪：《尚書校釋譯論》，第 555 頁。

簡《儀禮・特牲》字形已近『雍』形，故後世或作『雝』，或作『雍』，其實是同一個字。」[9]清人多以「雍」為「雝」之隸變[10]，江聲《尚書集注音疏》因而改「雍」為「雝」[11]。段玉裁云：「雍者，雝之隸變字，不從水。《夏本紀》、《地理志》皆作雍，不從水，是古今文《尚書》本皆不作『灉』也。後人加水旁而釋以《爾雅》『水自河出為灉』，恐非。」[12]

《爾雅・釋水》：「水自河出為灉。」[13]《漢書・鄒陽傳》「是以申徒狄蹈雍之河」顏注引《爾雅》：「水自河出為雍。」[14]《釋名・釋水》：「水從河出曰雍沛。」[15]是《爾雅》之「灉」亦作「雍」。《淮南子・人間》：「昔者楚莊王既勝晉於河、雍之間。」[16]郝懿行《爾雅義疏》謂此「雍」即「灉」也[17]。「灉」字最早見於《説文》[18]，《爾雅・釋水》之「灉」蓋本作「雍」。《尚書》本當作「雍」，「灉」為後起字。

P.3615《尚書》寫卷作「邕」，《説文・川部》：「邕，四方有水自邕城池者。」[19]《説文新證》云：「從邑從川，不足以會邕城池之意。

---

9　季旭昇：《説文新證》上冊，第 277 頁。

10　陳玉樹：《毛詩異文箋》云：「癰與雝皆當作邕……雍為雝之隸變。」（《續修四庫全書》第 74 冊，第 326 頁）錢大昕《經典文字考異》：「雝，隸變為雍，即邕字。」（《嘉定錢大昕全集》第 1 冊，第 5 頁）

11　江聲：《尚書集注音疏》，《清經解》第 2 冊，第 856 頁。

12　段玉裁：《古文尚書撰異》，《四部要籍注疏叢刊》本，第 1853 頁。

13　《爾雅注疏》卷七《釋水》，第 119 頁。

14　《漢書》卷五十一《鄒陽傳》，第 2347 頁。

15　（清）王先謙：《釋名疏證補》，上海古籍出版社 1984 年版，第 65 頁。

16　劉文典撰，馮逸、喬華點校：《淮南鴻烈集解》，中華書局 1989 年版，第 588 頁。

17　（清）郝懿行：《爾雅義疏》卷中之八《釋水弟十二》，上海古籍出版社 1983 年版，第 899 頁。

18　李圃主編：《古文字詁林》第 9 冊，第 54 頁。

19　《説文解字》十一篇下《川部》，第 239 頁。

邕疑為雝之省，雝從水從呂，本有水邕城池之意。」[20]是敦煌本作「邕」者，「雝」之省文也。

　　《宋本玉篇·水部》：「灉，紆用切。《爾雅》：『水自河出為灉。』又音雝。漍、漄，並同上。」[21]《說文》無「漍」字，《篆隸萬象名義》亦無此字，可知顧野王所撰《玉篇》未收。今所見第一部收入此字的字書即為《宋本玉篇》。「漍」者，「灉」之省文。

　　陸德明《經典釋文·爾雅音義》云：「灉，字又作漄。」[22]因雍、雝同字，故「灉」寫作「漄」，這也是《宋本玉篇》「灉」之別體「漄」之所本。

　　綜上所論，知《尚書》原作「雝」，隸變作「雍」，省「隹」作「邕」，添「水」作「灉」。「灉」字省「隹」作「漍」，換旁作「漄」。

　　郭璞《爾雅注》引《書》曰：「灉沮會同。」字與宋本同，P.3735《爾雅注》寫卷亦作「灉」，可知六朝寫本《爾雅注》即作「灉」[23]。郭璞《爾雅注》成於東晉渡江之後，其所見的已是孔傳本《古文尚書》[24]，那麼郭璞所引者即偽古文《尚書》，王鳴盛謂「晉人改雝為灉」[25]，其說當確。《釋名·釋水》「水從河出曰雝沛」之「雝」，段氏校作「灉」[26]，疑未確。

　　《玉篇·山部》：「屴，古文會字。」[27]商承祚認為「𡴋」是「屴」

---

20　季旭昇：《說文新證》下冊，第 149 頁。

21　《宋本玉篇》卷十九《水部》，第 349 頁。

22　陸德明：《經典釋文》卷二十九《爾雅音義上中·釋水第十二》，第 423 頁。

23　許建平：《敦煌經籍敍錄》，第 433 頁。

24　劉起釪：《尚書學史》（訂補本），中華書局 1989 年版，第 193 頁。

25　王鳴盛：《尚書後案》卷三《虞夏書·禹貢》，《嘉定王鳴盛全集》第 1 冊，第 191 頁。

26　任繼昉：《釋名匯校》卷一《釋水第四》，齊魯書社 2006 年版，第 58 頁。

27　《宋本玉篇》卷二十二《山部》，第 406 頁。

的訛變[28]。

2.**𡌧**土白墳，棐濱廣庁。（禹貢）

宋本「庁」作「斥」。

《隸辨》：「庁，即斥字。《説文》本作『廃』，從广從𡵉，碑變從干。」[29]「廃」字隸變作「庁」，或省點作「斥」，[30]《五經文字》卷中《广部》：「廃、斥，上《説文》，下經典相承隸省。」[31]《説文・言部》「諦」篆下段注：「凡從廃之字隸變為斥，俗又譌斥。」[32]宋本作「斥」，已是俗字。

3.九江孔殷，池潛無道。（禹貢）

宋本「池」作「沱」。

《説文・水部》：「沱，江別流也。出㟌山，東別為沱。從水，它聲。」徐鉉曰：「沱沼之沱通用此字。今別作池，非是。」[33]《説文》無「池」字，段玉裁《説文解字注》據《初學記》引《説文》及《左傳正義》引應劭《風俗通》而補[34]。劉心源《古文審》云：「今檢各家所刊《初學記》皆是它聲，無一本作也字。段乃云也聲誤為它聲，改書就己，亦不直矣。《風俗通》既非篆本，亦不過應劭説隸體耳。如果許書有池，則沱、陂二字説解一應作沱矣。」[35]黃侃《説文段注小箋》云：「由別流之義引申為池沼。《説文》無池字，池即沱之轉變，隸書於從

---

28　商承祚：《石刻篆文編字説》，《石刻篆文編》「附錄」，第23頁。

29　顧南原：《隸辨》卷五《昔韻第二十二》，北京市中國書店1982年版，第730頁。

30　顧南原：《隸辨》卷五《昔韻第二十二》，第731頁。

31　張參：《五經文字》卷中《廣部》，第34A頁。

32　《説文解字注》三篇上《言部》，第100頁。

33　《説文解字》十一篇上《水部》，第224頁。

34　《説文解字注》十一篇上《水部》，第553頁。

35　轉引自李圃主編《古文字詁林》第9冊，第10頁。

它與也之字往往互譌。」[36]《聲類疏證》云：「《説文》本無池字，池即沱也。」[37]徐復云：「沱，池本字。」[38]戰國秦漢簡帛「差池」、「曲池」、「陂池」、「池陽」等均寫作「沱」[39]。徐寶貴云：「西漢中晚期以後的文字，把以前的『沱』字所從的『它』旁改換成『也』，分化出『池』字。」[40]《尚書》原應作「沱」也。

4. 盤庚斅於民，由乃位。（盤庚上）

宋本「學」作「斅」，「乃」下有「在」字。

《説文·攴部》：「斅，覺悟也。從教從冂。冂，尚矇也。臼聲。學，篆文斅省。」[41]徐灝《説文解字注箋》云：「斅從冂，其義難明。疑先有學，而後加攴為斅。」[42]馬敍倫《説文解字六書疏證》云：「金、甲文皆尚未見有斅字。《盤庚》『斅於民』，《兌命》『惟斅學半』，《禮記·學記》引《兌命》作『學學半』，則『斅』為『學』之遞增字。」[43]以「斅」為「學」之後起字[44]，是也。然謂金、甲文未見「斅」字，則不確。甲文有「學」無「斅」，金文已有「斅」字，《沈子它簋》、《中山

---

36 黃侃：《説文段注小箋》，黃侃箋識，黃焯編次：《説文箋識四種》，上海古籍出版社1983年版，第191頁。

37 郭晉稀：《聲類疏證》，上海古籍出版社1993年版，第486頁。

38 徐復：《廣雅補釋下篇》，《徐復語言文字學晚稿》，江蘇教育出版社2007年版，第159頁。

39 白於藍：《戰國秦漢簡帛古書通假字彙纂》，福建人民出版社2012年版，第295頁。

40 徐寶貴：《以「它」、「也」為偏旁文字的分化》，《文史》2007年第3輯，中華書局2007年版，第246頁。

41 《説文解字》三篇下《攴部》，第69頁。

42 （清）徐灝：《説文解字注箋》卷三下《攴部》，《續修四庫全書》第225冊，上海古籍出版社1995年版，第370頁。

43 馬敍倫：《説文解字六書疏證》卷六，第157頁。

44 單周堯亦持此說，單周堯《多體型聲字窺管》，《中國語文研究》第10期，香港中文大學中國文化研究所吳多泰中國語文研究中心1992年版，第43頁。

王鼎》皆有「斅」字[45]。郭店楚簡中亦有「斅」字[46]。《說文》謂「學」為「斅」之省文，誤。

「乃」下「在」字，諸本皆有，岩崎本當是脫漏。

5. 亡鼻㧞庚。（盤庚上）

宋本「庚」作「康」。

《說文・禾部》：「穅，穀皮也。從禾從米，庚聲。康，穅或省。」[47]以「康」為「穅」之省文。郭沫若《釋支干》云：

　　從庚之字有康字，小篆作𥼀，從米，云穅之省。穅曰「之皮」，然古文康字不從米……文既不從米，意亦絕無穅義。……康字訓安樂，訓和靜，訓廣大，訓空虛，只空虛之義於穀皮稍可牽及，其他均大相逕庭，無由引申。余意此康字必以和樂為其本義，故殷周帝王即以其字為名號。穅乃後起字，蓋從禾康聲，古人同音通用，不必康即是穅。大凡和樂字多借樂器以為表示，如和本小笙，樂本絃樂之象……然則康字蓋從庚，庚亦聲也。[48]

林潔明云：「郭說甚是。庚字實象其形，康字蓋虛象其意。康字庚下數點蓋象庚搖動時之樂聲，由樂聲以見和樂之義也。」[49]是康、庚同字，上博簡《季康子問於孔子》篇，「康」皆寫作「庚」[50]，足可為證。《尚

---

45　季旭昇：《說文新證》上冊，第234頁。

46　陳斯鵬：《郭店楚墓竹簡考釋補正〉〉，《華學》第4輯，紫禁城出版社2000年版，第81頁。

47　《說文解字》七篇上《禾部》，第145頁。

48　郭沫若：《甲骨文字研究》，科學出版社1962年版，第170-171頁。

49　轉引自李圃主編：《古文字詁林》第11冊，上海教育出版社2004年版，第411頁。

50　白於藍：《戰國秦漢簡帛古書通假字彙纂》，第705頁。

書》「康」字，岩崎本作「庚」，蓋存古文也。

《君雅》「嗣守文、武、成、康遺緒」之「康」，岩崎本亦作「庚」。

**6. 予亦炪甚。（盤庚上）**

宋本「炪」作「拙」，「甚」作「謀」。

《説文・火部》：「炪，火光也。從火出聲。《商書》曰：『予亦炪謀。』讀若巧拙之拙。」[51]馬宗霍云：「日本古寫本隸古定《商書》殘卷此文作矵。左旁從矢，與火形近，是矵即炪之筆誤。知偽孔本初亦不作拙也。今作拙者，叚借字。」[52]劉起釪云：「岩崎、內野、雲窗諸隸古寫本作『矵』，而薛本作『炪』，知『矵』為『炪』之訛。是漢代本及偽孔本原皆作『炪』，『拙』字為衛包所改。」[53]

案：薛季宣《書古文訓》作「炪」，岩崎本、內野本、元亨本皆作「矵」。《周官》「心勞日拙」之「拙」，薛本則作「矵」。同一字之古文，薛本或作「矵」，或作「炪」。《汗簡》引《尚書》作「杽」[54]，隸定即為「矵」。鄭珍《汗簡箋正》云：「薛本《盤庚》『予亦拙謀』作炪，是采《説文》炪下所引《書》作之。而《周官》『心勞日拙』作矵，蓋當時有譌火旁作矢者。偽本用為古文，非也。」[55]鄭珍説是也。日本隸古定寫本作「矵」，即偽孔本原貌也。劉氏信真偽難辨之《書古文訓》，而不信淵源有自的日本隸古定寫本，不知其可也。偽孔本作「矵」，正如鄭珍、馬宗霍所言，「炪」之訛也。

---

51　《説文解字》十篇上《火部》，第 207 頁。

52　馬宗霍：《説文解字引經攷》，中華書局 2013 年版，第 194 頁。

53　顧頡剛、劉起釪：《尚書校釋譯論》，第 939 頁。

54　（宋）郭忠恕：《汗簡》中之一《出部》，中華書局 1983 年版，第 16 頁。

55　（清）鄭珍：《汗簡箋正》卷三，光緒中廣雅書局刊本，第 7A 頁。

《説文‧心部》：「惎，毒也。」[56]「惎」為「藎」之誤。「藎」為「謀」之古文，敦煌寫本「謀」多寫作「藎」，如《盤庚中》「汝不謀長，以思乃災」，P.2643「謀」作「藎」；《大禹謨》「弗詢之謀勿庸」，S.801「謀」作「藎」。

7. 施實惠於民，至於妡友。（盤庚上）

宋本「妡」作「婚」。

《集韻‧真韻》：「妡，女字。」[57]讀作眉貧切，與《尚書》義不合。《説文‧日部》：「昏，日冥也。從日氏省。氏者，下也。一曰民聲。」[58]段注：「字從氏省為會意，絕非從民聲為形聲也。蓋隸書淆亂，乃有從民作昏者，俗皆遵用。」[59]王獻唐云：「證以漢碑，字多從民。繁陽令楊君碑，則從氏。知兩京文字，原有從氏從民二體，許固兩存不廢。從民之説，既在昏下，當出昬為重文。許書重文，亦往往附見説解中，無足異也。字從氏日為會意，從民日為形聲。蓋在小篆而後，又分二支：氏民形體相似，初從石鼓一支演出從氏，後以體近，或誤為民聲，更造昬字，各有祖述，為兩京昏昬二體。」[60]

《説文解字句讀》於「姻」篆下云：「昏因古字，婚姻後作。」[61]因「昏」而有「婚」，因「昬」而有「婚」，岩崎本之「妡」，當是「婚」之壞字。

8. 予若籲裹茲邑。（盤庚中）

---

56　《説文解字》十篇下《心部》，第 223 頁。
57　《集韻》卷二《平聲二‧十七真》，第 120 頁。
58　《説文解字》七篇上《日部》，第 138 頁。
59　《説文解字注》七篇上《日部》，第 305 頁。
60　王獻唐：《周昏臨玉鈸考》，《那羅延室稽古文字》，齊魯書社 1985 年版，第 72-73 頁。
61　（清）王筠：《説文解字句讀》卷十二《女部》「姻」條，中華書局 1988 年版，第 492 頁。

宋本「邑」前有「新」字。

《盤庚》三篇，「邑」出現五次：《盤庚上》「不常厥邑，於今五邦」、「天其永我命於茲新邑」，《盤庚中》「予若籲懷茲新邑」、「無俾易種於茲新邑」，《盤庚下》「用永地於新邑」。

《左傳·哀公十一年》引《盤庚之誥》：「其有顛越不共，則劓殄無遺育，無俾易種於茲邑。」[62]《史記·伍子胥列傳》載伍子胥之言曰：「且《盤庚之誥》曰：『有顛越不恭，劓殄滅之，俾無遺育，無使易種於茲邑。』」[63]所引即《盤庚中》「無俾易種於茲新邑」句，而無「新」字。王叔岷《尚書斠證》云：「上文『予若籲懷茲新邑』，敦煌本新字補在茲字下旁，或原本亦無新字。」[64]

「予若籲懷茲新邑」句，P.3670 無「新」字，與岩崎本同；P.2643「新」字硃筆旁注，陳鐵凡云：「新字旁注，似為事後增補，疑原本無之。」[65]案該寫卷的硃筆校字與正文字體不同，乃閱讀者所為[66]。蓋當時流傳《尚書》本子，或有「新」字，或無「新」字。P.2643 抄於唐肅宗乾元二年（759），已晚於衛包改字的天寶三載（744），而據衛包改字本上石的《開成石經》即有「新」字。

《盤庚中》二「新邑」，其「新」字原本蓋無，乃據《盤庚上》「天其永我命於茲新邑」句而添。此句「天其永我命於茲新邑」所以作「新邑」，乃承上文「不常厥邑，於今五邦」而來，新遷殷地，故謂新邑也。下言「茲邑」，即謂新邑殷也，其義已足，無需再添「新」字。至

---

62　《春秋左傳正義》卷五十八《哀公十一年》，第 1018 頁。

63　《史記》卷六十六《伍子胥列傳》（修訂本），第 2635-2636 頁。

64　王叔岷：《尚書斠證》，《「中央研究院」歷史語言研究所集刊》第 36 本上冊，1965 年 12 月，第 128 頁。

65　陳鐵凡：《敦煌本商書校證》，第 22 頁。

66　許建平：《敦煌經籍敘錄》，第 99 頁。

於《盤庚下》「用永地於新邑」，不言「茲邑」，故作「新邑」也。

9.惟學孫志，務旹敏，手修乃来。（說命下）

宋本「孫」作「遜」。

P.2643《尚書》寫本作「孫」，與岩崎本同。P.2516《尚書》寫本作「遜」，與宋本同。《書古文訓》作「愻」。

《說文・心部》：「愻，順也。」[67]《辵部》：「遜，遁也。」[68]段氏注云：

六經有「孫」無「遜」。《大雅》「孫謀」，《聘禮》「孫而說」，《學記》「不陵節而施之謂孫」，《論語》「孫以出之」，皆「愻」之叚借也。《春秋》「夫人孫於齊」、「公孫於齊」，《詩》「公孫碩膚」，《尚書序》「將孫於位」，皆逡遁遷延之意。故《穀梁》云：「孫之為言猶孫也。」《公羊》云：「孫猶孫也。」何休云：「孫猶遁也。」鄭箋云：「孫之言孫，遁也。」《釋言》云：「孫，遁也。」《釋名》曰：「孫，遜也。」遜遁在後生也，古就孫義引申，卑下如兒孫，非別有「遜」字也。《至部》「臸」字下云：「從至，至而復孫，孫，遁也。」此亦有「孫」無「遜」之證。今《尚書》、《左氏》經傳，《爾雅・釋言》，淺人改為「遜」。許書「遜，遁也」，蓋後人據今本《爾雅》增之，非本有也。[69]

李惇云：「遜，遁也；愻，順也。古字並作『孫』，後有愻、遜二字，一從辵，則為遁；一從心，則為順，字形文義皆截然不可混。《說文》『愻』字下云『順也，《唐書》五品不愻』，此古文也。後人並改作

---

67　《說文解字》十篇下《心部》，第218頁。

68　《說文解字》二篇下《辵部》，第40頁。

69　《說文解字注》二篇下《辵部》，第72頁。

『遜』，而經典中遂罕見『愻』字矣。」[70]

《禮記・學記》：「《兌命》曰：『敬孫務時敏，厥脩乃來。』」[71]偽古文《說命》改「敬孫」為「孫志」[72]，P.2643 與岩崎本作「孫」，存其朔也。作「遜」者，即段氏所謂淺人所為。《書古文訓》作「愻」，應是以偽傳「學以順志」句，謂此字釋作「順」，不釋作「遁」，故據《説文》而改作「愻」也。實遜、愻均為「孫」之孳乳字，李惇言之已詳。

《微子》「吾家耄遜於荒」之「遜」，岩崎本及 P.2516、P.2643 並作「孫」，是也。

10. 我**𧴪**衹遫敫於上。（微子）

宋本「衹」作「底」，「遫」作「遂」。

案：「衹」為祗之俗字，《廣韻・脂韻》：「祗，敬也，俗從互。」[73]《説文・示部》：「祗，敬也。」[74]義與偽傳不合[75]。宋本作「底」，與八行本、《書古文訓》、《唐石經》及南宋石經同，馮登府云：「《説文》『底，砥石』，引申之，義為致。本通致。『西旅底貢厥獒』，《漢書》『底』作『致』，是也。俗從『底』，誤。」[76]《爾雅・釋言》：「底，致也。」[77]

70　（清）李惇：《群經識小》，《清經解》第 4 冊，第 875 頁。

71　《禮記正義》卷三十六《學記第十八》，第 651 頁。《周禮・地官・師氏》鄭注引《説命》曰：「敬孫務時敏，厥脩乃來。」孫詒讓認為鄭玄乃據《學記》所引《兌命》（《周禮正義》卷二十五《地官・師氏》，第 999 頁）。

72　許錟輝：《先秦典籍引尚書考》，臺灣師範大學 1970 年博士論文，第 60A 頁。

73　《宋本廣韻》卷一《上平聲・六脂》，第 31 頁。

74　《説文解字》一篇上《示部》，第 7 頁。

75　偽傳釋此句云：「言湯致遂其功，陳列於上世。」則以「致」釋「衹」。

76　（清）馮登府：《南宋石經攷異》，《清經解》第 7 冊，上海書店 1988 年版，第 973 頁。

77　《爾雅注疏》卷三《釋言第二》，第 37 頁。

故元亨本、足利本、影天正本作「致」，同義換用也。「底」者，「厎」之形誤字，P.2643、P.2516《尚書》均誤作「底」。岩崎本作「祗」者，「厎」之音誤字，《説文‧厂部》：「厎，柔石也。砥，厎或從石。」[78]「砥」為「厎」之重文，《廣韻》「厎」、「砥」同為旨夷切。

《説文‧辵部》：「遂，亡也。𨔥，古文遂。」[79]《集韻‧至韻》：「遂，古作𨔥。」[80]「𨔥」為「𨔥」之隸定，「逋」為「𨔥」之形訛。下「殷遂喪，越至於今」句之「遂」，岩崎本亦誤作「逋」。

11. 商亓淪喪，我宅為僕。（微子）

宋本「僕」前有「臣」字。

《釋文》云：「臣僕，一本無臣字。」[81]段玉裁云：「無者是也。《毛詩》『景命有僕』，《傳》云：『僕，附也。』《説文》曰：古文僕字從臣作𦫵。恐此是古本作『𦫵』，析為二字也，今刪『臣』字。」[82]劉起釪云：「其實『罔為僕』與『罔為臣僕』意義全同，都是説我毋為奴隸。」[83]案其義雖全同，而文字則有別也。P.2516、P.2643《尚書》寫卷「臣」字旁注，乃閱讀者據它本而添。是當時流行兩種本子，或作「僕」，岩崎本是也；或作「臣僕」，陸德明所據本同也。據《説文》「僕」之古文作「𦫵」，則漢時古文《尚書》應是作「𦫵」，偽古文承之，亦作「𦫵」。後世傳寫者，或改「𦫵」為「僕」，或析為「臣僕」二字。

---

78　《説文解字》九篇下《厂部》，第 193 頁。

79　《説文解字》二篇下《辵部》，第 41 頁。

80　《集韻》卷七《去聲上‧六至》，第 475 頁。

81　《經典釋文》卷三《尚書音義上‧微子第十七》，第 44 頁。

82　段玉裁：《古文尚書撰異》卷十一《微子第十一》，第 1923 頁。

83　顧頡剛、劉起釪：《尚書校釋譯論》，第 1082 頁。

12. **庀作刑𤰈諎三方**。（呂刑）

宋本「諎」作「詰」。

孫星衍云：「『詰』作『諎』，今文《尚書》也。」[84]皮錫瑞不以為然，云：「蓋即以《困學紀聞》引《書》作『諎』，與《周禮》鄭注不同，故斷為今文。然《尚書》不見有作『諎』之本，《紀聞》恐傳寫之誤，未可為據。」[85]王先謙云：「『諎』亦『詰』之字誤，諸書無作『諎』之本。」[86]劉起釪云：「王應麟可能承林（林之奇）、呂（呂祖謙）之説影響，逕用諎字。不顧《尚書》各本於此句『詰』字從來不作『諎』，而孫氏妄從之，皮氏駁之甚是。」[87]

顧炎武《九經誤字·書》云：「度作刑以詰四方，石經、監本同，《釋文》：『詰，起一反。』今本作諎，誤。」[88]彭元瑞《石經考文提要》云：「坊本譌以諎，今從諸本。」[89]是顧氏、彭氏所見本有作「諎」者。

屈萬里《漢石經尚書殘字集證》云：「茲撿諸本《困學紀聞》，『度作刑以詰四方』之『詰』字，元刊及清刊本皆如此作。惟明萬曆癸卯莆田吳獻台刊本作『諎』。孫氏蓋據此本，遂謂：『詰，一作諎。』而不知其為訛字。蓋《漢書·刑法志》引《呂刑》作『詰』；《周禮·天官·大宰之職》『以詰邦國』，及《秋官·大司寇之職》『以佐王刑邦國

<hr>

84　（清）孫星衍撰，陳抗、盛冬鈴點校：《尚書今古文注疏》卷二十七《呂刑》，中華書局 1986 年版，第 518 頁。

85　（清）皮錫瑞撰，盛冬鈴、陳抗點校：《今文尚書考證》卷二十六《呂刑》，第 437 頁。

86　（清）王先謙：《尚書孔傳參正》卷三十一《呂刑》，第 925 頁。

87　顧頡剛、劉起釪：《尚書校釋譯論》，第 1913 頁。

88　（清）顧炎武：《九經誤字》，《清經解續編》第 1 冊，上海書店出版社 1988 年版，第 5 頁。

89　（清）彭元瑞：《石經考文提要》，《叢書集成續編》第 17 冊，上海書店出版社 1994 年版，第 472 頁。

詰四方」兩處鄭注引《呂刑》，亦皆作『詰』。故皮氏斷言『《尚書》不見作誥之本』也。」[90]

　　屈氏考定《困學紀聞》作「誥」者乃誤本，原本乃作「詰」，力挺皮氏《尚書》無作「誥」之本之説。但顧炎武、彭元瑞亦曾見過作「誥」之本，今日本所藏唐寫殘卷岩崎本亦作「誥」字，可見作「誥」之《尚書》文本由來已久。孫星衍以作「誥」者為今文《尚書》，固然不確，斷言「《尚書》各本於此句『詰』字從來不作『誥』」者，亦非也。

　　13. **呂覆禠盟**。（呂刑）

　　宋本「禠」作「詛」。

　　《原本玉篇殘卷·言部》：「詛，或為禠字，在示部。」[91]《宋本玉篇·示部》：「禠，亦作詛。」[92]《漢書·五行志上》：「明年，屈釐復坐祝要斬，妻梟首也。」師古注：「禠，古詛字也。」[93]玄應《一切經音義》卷十四《四分律》第二十六卷「祝禠」條云：「古文禠，今作詛。」[94]包山簡、上博簡「詛」亦寫作「禠」[95]。岩崎本作「禠」，為古字。

　　14. **今爾宅不繇尉日勤**。（呂刑）

　　宋本「慰」作「尉」。

　　《説文·心部》：「慰，安也。一曰恚怒也。」[96]《火部》：「尉，從

---

90　屈萬里：《漢石經尚書殘字集證》卷一，臺北：「中央研究院」歷史語言研究所 1999 年版，第 21B 頁。

91　（南朝梁）顧野王：《原本玉篇殘卷》，中華書局 1985 年版，第 15 頁。

92　《宋本玉篇》卷一《示部》，第 13 頁。

93　《漢書》卷二十七上《五行志上》，第 1335 頁。

94　（唐）釋玄應：《一切經音義》卷十四《四分律》第二十六卷，《高麗大藏經》第 58 冊，線裝書局 2004 年版，第 129 頁。

95　劉信芳：《楚簡帛通假彙釋》，高等教育出版社 2011 年版，第 197 頁。

96　《説文解字》十篇下《心部》，第 219 頁。

上案下也。從尸又持火，以尉申繒也。」[97]「尉」字隸變作「尉」。徐
灝云：「置火於銅斗，從上按下以申繒謂之尉，所以使其平也。故尉有
平義。……引申為凡安尉之偁，別作『慰』。從又持火會意，從尸者，
楚金曰：『夷，安平也。』是也。」[98]黃侃《説文段注小箋》云：「當以
恚怒為本義，訓安本借為尉。」[99]張舜徽云：「此篆説解，似當以恚怒
為本義。其訓安者，當以『尉』為本字。《漢書》多用本字，《車千秋
傳》顏注云：『尉安之字，本無心。』是也。《詩・凱風》『莫慰母心』，
用借字耳。慍與慰雙聲義同，故《車舝》『以慰我心』，《韓詩》通作
『慍』也。今專用慰為安尉字而恚怒義廢矣。」[100]據徐、黃、張三氏之
説，則釋怨之字為「慰」，釋安之字為「尉」也。偽孔釋此句云：「今
汝無不用安自居，日當勤之。」釋為「安」也，當用「尉」字。岩崎本
作「尉」，正與偽孔之釋義合。

　　豫章內史梅賾獻上的據説是孔安國作傳的《古文尚書》，是用一種
隸古定字寫成的。這種《尚書》文本，到唐玄宗天寶三載（744）時，
詔集賢院士衛包把隸古定字改成今字，並在唐文宗開成年間刻於「開
成石經」，行於天下，從此隸古定《尚書》之原貌不可見。但在日本，
卻有大量的隸古定《尚書》寫本，劉起釪《日本的尚書學與其文獻》
闢專章作了詳細的介紹[101]，顧頡剛、顧廷龍的《尚書文字合編》影印了
岩崎本、九條本、神田本、島田本、內野本、元亨本、觀智院本、古
梓堂本、天理本、足利本、影天正本、八行本等十二種。

---

97　《説文解字》十篇上《火部》，第 208 頁。

98　徐灝：《説文解字注箋》卷十上《火部》，《續修四庫全書》第 226 冊，第 317 頁。

99　黃侃：《説文段注小箋》，黃焯編《説文箋識四種》，第 190 頁。

100　張舜徽：《説文解字約注》卷二十，第 39B 頁。

101　劉起釪：《日本的尚書學與其文獻》，第 71-117 頁。

　　岩崎本的校勘價值，我已有《由敦煌本與岩崎本互校看日本舊鈔〈尚書〉寫本之價值》一文提交二〇一三年八月在北京召開的「中國敦煌吐魯番學會成立三十週年國際學術研討會」。但日本所存《尚書》隸古定本，與敦煌藏經洞所出《尚書》寫本一樣，均為已被改動之本，並非隸古定原本。若欲糾補岩崎本在傳抄過程中產生的訛誤衍脫，以校勘學上之對校法即用其他版本文字作為直接證據，是最為有效而方便的方法，因而與岩崎本約同時期抄寫的敦煌寫本正可作為這樣的對校本。

### （一）敦煌本尚存隸古定《尚書》原貌，而岩崎本已改為今字

　　如《盤庚中》：「承汝俾汝，惟喜康共。」「俾」字岩崎本同，而敦煌寫本 P. 3670、P. 2643 作「卑」。

　　《說文‧丿部》：「卑，賤也，執事者。」[102]《人部》：「俾，益也。」[103]段注：「古或假『卑』為『俾』。」[104]：金文無「俾」字，凡俾使之字皆作「卑」[105]。徐中舒云：

俾金文作卑，其義皆當為使。其用於嘏辭者如：

卑女繮繮劋劋，穌穌倉倉。──者盨鐘

卑若鐘鼓，外內劋辟……卑百斯男，而執斯字。──齊夷鎛

此卑女卑若，皆命令之辭，自為祖先或天所命。其在《詩‧天保》云「俾爾單厚」，「俾爾多益」，「俾爾戩穀」，《卷阿》云：「俾爾彌爾性。」《閟宮》云「俾爾熾而昌，俾爾壽而富」，「俾爾昌而大，俾爾者

---

102　《說文解字》三篇下《丿部》，第 65 頁。

103　《說文解字》八篇上《人部》，第 165 頁。

104　《說文解字注》八篇上《人部》，第 376 頁。

105　張亞初：《殷周金文集成引得》，中華書局 2001 年版，第 1268-1269 頁。

而艾」，亦俾爾連言。[106]

「俾汝」即金文之卑女、卑若，亦即《詩》「俾爾」也。「汝」字岩崎本及 P.3670、P.2643 均作「女」。作為第二人稱代詞的「汝」，金文均寫作「女」[107]。

敦煌本作「卑」，尚存古字；岩崎本作「俾」，已改為今字。後「無俾易種於茲新邑」句，岩崎本與 P.3670、P.2643 均作「卑」，則未改也。

又如《盤庚下》「綏爰有眾」，「綏」字岩崎本同，而敦煌寫本 P.3670、P.2643 作「娞」。

《玉篇·女部》「娞」字下云：「《尚書》為古文綏。」[108]《篆隸萬象名義》無「娞」字，此當為宋人所補，是宋人曾見古文《尚書》「綏」寫作「娞」。《禹貢》「五百里綏服」，P.2533「綏」作「娞」，九條本則作「綏」，是亦已改為今字。《盤庚中》「我先後綏乃祖乃父」、《說命下》「其爾克紹乃辟於先王，永綏民」，岩崎本「綏」皆作「娞」，未改古字也。而《盤庚上》「紹復先王之大業，底綏四方」句，岩崎本「綏」作「媛」，則為「娞」之誤。

**（二）岩崎本誤而敦煌本不誤，可據以校正**

如《盤庚中》「暨予一人猷同心」，岩崎本「暨」作「泉」。

案《禹貢》「淮夷蠙珠暨魚」，《史記·夏本紀》作「臮」，司馬貞《索隱》云：「臮，古暨字。」[109] P.2643 作「**泉**」，「臮」之變體也。P.2516

---

106　徐中舒：《金文嘏辭釋例》，《中央研究院歷史語言研究所集刊》第 6 本第 1 分，商務印書館 1936 年版，第 12 頁。

107　全廣鎮：《兩週金文通假字研究》，臺灣學生書局 1989 年版，第 96 頁。

108　《宋本玉篇》卷三《女部》，第 70 頁。

109　《史記》卷二《夏本紀》（修訂本），第 73 頁。

作「泉」，亦「泉」之變體也。岩崎本作「泉」，必為「泉」之誤字。下句「曷不暨朕幼孫有比」，岩崎本作「泉」，與P.2516同。

又如《盤庚下》「今我民用蕩析離居」，岩崎本「析」作「所」。

《説文・斤部》：「所，二斤也。」[110]施於此不合。P.2516、P.2643作「斨」，《集韻・錫韻》：「析，古作斨。」[111]王獻唐云：「片訓判木，義與木通，以斤破片，猶其破木。故字之偏旁從木者，亦或從片。今析字從片，為魯壁古文。」[112]岩崎本作「所」，應是「斨」之誤。

（原載劉玉才、水上雅晴主編《經典與校勘論叢》，北京大學出版社2015年版）

---

110　《説文解字》十四篇上《斤部》，第300頁。

111　《集韻》卷十《入聲下・二十三錫》，第748頁。

112　王獻唐：《周悆鈇師比考》，《那羅延室稽古文字》，齊魯書社1985年版，第3頁。

# 日本舊鈔九條本《尚書》寫卷校證

　　九條道秀氏舊藏隸古定《尚書》，存五件寫本，分別為第三、第四、第八、第十、第十三卷：

　　(1) 第三卷，起《禹貢》「厥篚玄纁、璣組」之「璣組」，至《胤征》末，存《禹貢》、《甘誓》、《五子之歌》、《胤征》四篇，一百八十九行，經文單行大字，傳文雙行小字。

　　(2) 第四卷，存《湯誓》、《仲虺之誥》兩篇，《湯誓》殘缺篇題，《仲虺之誥》至「以義制事」之「制」（殘存右側豎鈎），五十四行，經文單行大字，傳文雙行小字。

　　(3) 第八卷，起《康誥》末句「聽朕告汝，乃以殷民世享」之偽孔傳「順從我所告之言」之「順」[1]，至《召誥》末，存《康誥》、《酒誥》、《梓材》、《召誥》四篇，一百五十五行，經文單行大字，傳文雙行小字。

---

1　劉起釪《日本的尚書學與其文獻》謂「卷八缺前面《康誥》篇，只存《酒誥》、《梓材》、《召誥》三篇」(第74頁)，誤。

　　(4) 第十卷，起《君奭》「茲迪彝教文王蔑德，降於國人」偽孔傳「言雖聖人，亦須良佐」之「言」，至《立政》末，存《君奭》、《蔡仲之命》、《多方》、《立政》四篇，二百一十二行，經文單行大字，傳文雙行小字。

　　(5) 第十三卷，存《文侯之命》、《費誓》、《秦誓》三篇，《文侯之命》殘缺篇題，八十二行，經文單行大字，傳文雙行小字。

　　陳鐵凡《日本古鈔本尚書考略》亦介紹了九條本各卷內容，並謂「與敦煌本同出一源，而為天寶三載改字以前之舊本」[2]。

　　劉起釪《日本的尚書學與其文獻》云：

　　　　岩崎、九條、神田三本，除岩崎本之卷三屬別本外，其他各卷數皆彼此不同，能相配合而不重複衝突。……其紙張、字體、格式、紙背皆有「元秘抄」及卷軸形式都相同，卷數又如此配合銜接，此三本之為同一本自無異說。[3]

　　按岩崎本第三卷《禹貢》殘篇與九條本《禹貢》殘篇為一卷之裂，只不過中間殘缺一行，不能直接綴合而已，並非別本。

　　陳鐵凡《敦煌本商書校證》、劉起釪《尚書校釋譯論》、陳鴻森《禹貢注疏校議》、臧克和《尚書文字校詁》諸篇在研究中曾以九條本為對校本。本文擷取若干條對九條本進行考釋。

　　顧頡剛、顧廷龍的《尚書文字合編》影印了九條本。本文所據九條本即《尚書文字合編》所影印者，用以對校之《尚書》則據《中華

---

2　陳鐵凡：《日本古鈔本尚書考略》，《孔孟學報》第 3 期，1962 年。
3　劉起釪：《日本的尚書學與其文獻》，第 75 頁。

再造善本》影印之北京大學所藏宋刻本，在文中簡稱「宋本」。

　　1. **涑沮無刃，豐水逌同**。（禹貢）

　　宋本「豐」作「灃」，P.3169《尚書》寫卷亦作「灃」，《史記・夏本紀》云：「漆沮既從，灃水所同。」[4]字皆作「灃」。《漢書・地理志上》：「漆沮既從，酆水逌同。」[5]則作「酆」。江聲云：「酆，俗書去阝而加水於右，非也。茲從《漢書》。」[6]然繆祐孫云：「『灃』字許書不收，又《詩・文王有聲》作『豐』，《正義》引《禹貢》『東會於豐』，從水，俗字也。」[7]段玉裁云：「《文王有聲》作『豐水』，《正義》引《禹貢》『東會於豐』，此字從水旁者，恐是俗字。《地理志》作『酆水』，文王作邑於豐，正以在豐水之西名之。《水經・渭水篇》作『豐水』，獨為合古。」[8]皆以作「豐」為是。朱廷獻云：「灃，最初蓋但作豐，後人為使與豐滿之豐有別，故地名加邑，水名加水歟？」[9]其疑是也。單周堯先生以豐、酆為古今字：「夫地名本無以制字，唯有假借同音字為之；其後形聲字作，始加『邑』旁，以明其為國邑之名。」[10]

　　九條本作「豊」者，「豊」當作「豐」，豊、豐二字雖音義不同，而字形相近，在漢隸中已多有相混之例[11]，所以《玉篇》云：「豊，俗

---

4　《史記》卷二《夏本紀》（修訂本），第81頁。

5　《漢書》卷二八上《地理志第八上》，第1532頁。

6　（清）江聲：《尚書集注音疏》卷三，四部要籍注疏叢刊本《尚書》中冊，中華書局1998年版，第1551頁。

7　（清）繆祐孫：《漢書引經異文錄證》第四卷，光緒十一年（1885）刊本，第15B頁。

8　段玉裁：《古文尚書撰異》，第1880頁。

9　朱廷獻：《尚書異文集證》，臺灣中華書局1970年版，第88頁。

10　單周堯：《清代「說文家」通假說斠詮》，《文字訓詁叢稿》，文史哲出版社2000年版，第195頁。

11　林澐：《豊豐辨》，《古文字研究》第12輯，中華書局1985年版，第181頁。

作豐。」[12]

段玉裁謂「澧」之水旁為衛包所加[13]，然 P.3169 隸古定《尚書》寫卷已作「澧」，其非衛包所改明也。

2.九州逌同，四奥無宅。（禹貢）

宋本「奥」作「隩」。

《史記‧夏本紀》：「九州攸同，四奥既居。」[14]《漢書‧地理志上》：「九州逌同，四奥既宅。」[15]九條本與班、馬所見《今文尚書》同。《經典釋文》：「隩，於六反，《玉篇》於報反。」[16]與宋本同。

《玉篇‧土部》：「墺，四方之土可居。《夏書》曰：『四墺既宅。』本亦作隩。」[17]段玉裁據以認定《古文尚書》作「墺」，並謂《尚書》作「隩」者乃天寶中衛包所改，《釋文》作「隩」乃開寶中陳鄂所改[18]。

段玉裁據《史》、《漢》、《玉篇》所引，論定《今文尚書》作「奥」，《古文尚書》作「墺」，兩者不同。但九條本亦作「奥」，九條本者，《古文尚書》也，是難以據奥、墺之別區分今古文《尚書》也。

王筠謂澳、隩皆「奥」之分別文[19]，胡吉宣云：「古止為『奥』，懊、隩、澳竝從之孳乳，皆受其隱藏之義者也。」[20]《説文‧土部》：

---

12　《宋本玉篇》卷十六《豐部》，第 305 頁。

13　段玉裁：《古文尚書撰異》，第 1880 頁。

14　《史記》卷二《夏本紀》（修訂本），第 93 頁。

15　《漢書》卷二十八上《地理志第八上》，第 1536 頁。

16　《經典釋文》卷三《尚書音義上‧夏書‧禹貢第一》「隩」條，第 41 頁。

17　《宋本玉篇》卷二《土部》，第 23 頁。

18　《古文尚書撰異》，第 1888-1889 頁。

19　（清）王筠：《説文釋例》卷八《分別文》，中華書局 1987 年版，第 175 頁。

20　胡吉宣：《玉篇校釋》，上海古籍出版社 1989 年版，第 168 頁。

「壩，四方土可居也。」[21]王筠曰：「此依《禹貢》『四隩既宅』為說也，蓋許所據本作『壩』，然則『壩』與澳、隩亦同字。」[22]是「奧」與壩、懊、隩、澳為古今字也。

內野本、足利本、影天正本、八行本此字皆作「炪」[23]，《堯典》「厥民隩，鳥獸氄毛」[24]，BD14681《尚書》寫本「隩」作「燠」，P.3315《尚書釋文》：「炪，古燠字。」《集韻·屋韻》：「燠，古作炪。」[25]是內野本以下諸本又作「燠」。

顏師古注《漢書·地理志》云：「奧讀曰壩，謂土之可居者也。」[26]段氏謂顏氏「語亦本《說文》及孔傳，此正援《古文尚書》以注《漢書》也。顏所據《尚書》亦作『壩』。」[27]案《說文》云：「壩，四方土可居也。」孔傳云：「四方之宅已可居。」明顏氏非據孔傳。其所據應是顧野王《玉篇》，而《玉篇》即承襲《說文》也。顏氏所見《尚書》是否作「壩」，並無明證。

至於《宋本玉篇》所引二古文圿、圿，疑非野王原本所有。《說文·土部》：「垎，古文壩。」[28]《集韻·號韻》、《類篇·土部》：「壩，

---

21　《說文解字》十三篇下《土部》，第286頁。

22　王筠：《說文釋例》卷八《分別文》，第175頁。

23　內野本、足利本、影天正本、八行本等日本所藏隸古定《尚書》寫本皆據《尚書文字合編》。

24　本文引用《尚書》之文，除明確為九條本、宋本、敦煌寫卷之外者，皆據中華書局1980年影印《十三經注疏》本。

25　《集韻》卷九《入聲上·一屋》，第648頁。

26　《漢書》卷二十八上《地理志第八上》，第1536頁。

27　《古文尚書撰異》，第1889頁。

28　《說文解字》十三篇下《土部》，第286頁。

古作**垗**、**垗**。」[29]二形均抄自《玉篇》，實為《説文》「**垗**」字隸定之訛變；P.4874《尚書》寫卷作「垗」，慧琳《一切經音義》卷九十三《續高僧傳》第十二卷「舊垗」條云：「下音奧，《説文》云『古文奧字，也。」[30]「垗」、「垗」亦「**垗**」字隸定之訛變。

3. 九川滌原。（禹貢）

宋本「原」作「源」。

案：《説文》有「原」無「源」，徐鉉云：「今別作源，非是。」[31]段玉裁注：「後人以『原』代『高平曰邍』之『邍』，而別製『源』字為本原之『原』，積非成是久矣。」[32]《史記・夏本紀》：「九山栞旅，九川滌原。」[33]《漢書・地理志上》：「九山栞旅，九川滌原。」[34]是班、馬所見《今文尚書》亦皆作「原」，與九條本《古文尚書》同。繆祐孫疑作「源」者衛包所改[35]，誤也，P.3628《尚書》寫卷作「源」，此卷抄寫於天寶二年，乃衛包改字前之《尚書》寫本也[36]。

4. 每歲孟春，道人以木鐸徇於路。（胤征）

宋本「徇」作「徇」。

《説文・彳部》：「循，行順也。」[37]段玉裁刪「順」字，改為「行

---

29　《集韻》卷八《去聲下・三十七號》，第586頁。（宋）司馬光：《類篇》卷十三下《土部》，上海古籍出版社1988年版，第505頁。

30　慧琳：《一切經音義》卷九十三《續高僧傳》第十二卷，《中華大藏經》第59冊，中華書局1993年版，第213頁。

31　《説文解字》十一篇下《蟲部》，第239頁。

32　《説文解字注》十一篇下《蟲部》，第569頁。

33　《史記》卷二《夏本紀》（修訂本），第93頁。

34　《漢書》卷二十八上《地理志第八上》，第1536頁。

35　繆祐孫：《漢書引經異文錄證》第4卷，第21B頁。

36　許建平：《敦煌經籍敘錄》，第88-92頁。

37　《説文解字》二篇下《彳部》，第43頁。

也」[38]。《說文》無「徇」字，雷濬謂《尚書》此句之「徇」當作「狗」[39]，席世昌云：「狗，行示也。今作徇，《漢書·高紀》『二世使斬之以徇』，師古注全引《說文》此條。」[40]然今所見《尚書》及典籍所引《尚書》未見有作「狗」者，《初學記》卷三、卷十八、卷二十四所引均作「徇」[41]，《書古文訓》亦作「徇」[42]。敦煌 P.5557、P.2533 號寫卷皆作「循」，與九條本同。左思《吳都賦》「命官帥而擁鐸，將校獵乎具區」，《文選集注》引《尚書·胤征》云：「每歲孟春，遒人以木鐸循於路。」[43]《北堂書鈔》引《書》作「每歲孟春，以木鐸循於路」[44]。亦皆作「循」。

　　《胤征》偽古文，此句襲取《左傳·襄公十四年》文：「故《夏書》曰：『遒人以木鐸徇於路，官師相規，工執藝事以諫。』」[45]先秦無「徇」字，古文字未見「狗」字。段玉裁於《說文》「狗」篆下注云：「如《項羽傳》『徇廣陵』『徇下縣』，李奇曰：『徇，略也。』如淳曰：『徇音撫循之循。』此古用循巡字，漢用徇字之證。」[46]《尚書》之文蓋本作「循」，循，行也。後造「狗」字，作為「行示」之專用字，《說文》因

---

38　《說文解字注》二篇下《彳部》，第 76 頁。

39　雷濬：《說文外編》卷三《經字·書》，第 270 頁。

40　（清）席世昌：《席氏讀說文記》卷二，《續修四庫全書》第 223 冊，上海古籍出版社 1995 年版，第 27 頁。

41　（唐）徐堅《初學記》卷三《春第一》「徇鐸」條、卷十八《諷諫第三·敘事》、卷二十四《道路第十四》「徇鐸」條，中華書局 2004 年第 2 版，第 46、437、590 頁。

42　本文所引《書古文訓》皆據《四庫全書存目叢書》經部第 49 冊所收清康熙十九年通志堂經解本。

43　《唐鈔文選集注彙存》第 1 冊，上海古籍出版社 2000 年版，第 212 頁。

44　（隋）虞世南：《北堂書鈔》卷十《教化三十七》，天津古籍出版社 1988 年影印清光緒十四年南海孔氏三十有三萬卷堂刊本，第 51 頁。

45　惠棟：《古文尚書考》，《清經解》第 2 冊，上海書店 1988 年版，第 707 頁。

46　《說文解字注》二篇下《彳部》，第 77 頁。

而收入之。

　　黃侃謂此句「徇」為「侚」之借[47]，似不確，《説文》：「侚，疾也。」[48]

　　5. 肇牽車牛遠服賈。（酒誥）

　　宋本「牽」作「牽」。

　　《説文・牛部》：「牽，引前也。」《手部》：「擎，固也。」[49]段注：「段借為『牽』字，如《史記》鄭襄公肉袒擎羊，即《左傳》之牽羊也。」[50]案段氏所言，即《左傳・宣公十二年》「鄭伯肉袒牽羊以逆」之「牽」字[51]，《史記・楚世家》同，《史記・鄭世家》作「擎」[52]。又《周易・夬卦》「牽羊悔亡，聞言不信」《釋文》：「牽，子夏作擎。」[53]《公羊傳・僖公二年》「虞公抱寶牽馬而至」《釋文》：「牽，本又作擎，音同。」[54]皆牽、擎同用之例。葉玉森謂卜辭「擎」之字形即「牽」之本義，擎、牽為古今字[55]。《汗簡》有「𩮰」字，謂即「牽」字，出《尚書》[56]，此即「肇擎車牛」之「牽」字也。

---

47　黃侃：《量守廬論學札記》，《人文論叢》1999 年卷，武漢大學出版社1999 年版，第
　　16頁。
48　《説文解字》八篇上《人部》，第 162 頁。
49　《説文解字》二篇上《牛部》、十二篇上《手部》，第 29、254 頁。
50　《説文解字注》十二篇上《手部》，第 603 頁。
51　《春秋左傳正義》卷二十三《宣公十二》，第 388 頁。
52　《史記》卷四十《楚世家第十》、卷四十二《鄭世家第十二》（修訂本），第 2041、
　　2121 頁。
53　《經典釋文》卷二《周易音義・夬卦》「牽羊」條，第 27 頁。
54　《經典釋文》卷二十一《春秋公羊音義・僖公二年》「牽馬」條，第 312 頁。
55　李圃編：《古文字詁林》第 9 冊，上海教育出版社 2004 年版，第 667 頁。
56　郭忠恕：《汗簡》下之一《手部》，第 33 頁。

6. 茲父若保，厷父定㭒。（酒誥）

宋本「㭒」作「辟」。

《説文·木部》：「㭒，弱兒。」[57]施於此不合。臧克和以「㭒」為「柅」之異體，云：

> 柅，《春秋繁露·深察名號》：「柅眾惡於內，弗使得發於外者，心也……尚無惡者[58]，心何柅哉？」劉師培《斠補》：柅惡者，猶言捍禦眾惡也。但足利本等諸寫本皆作「㑴」，即「辟」字異體。作柅作辟，這也許是古今文的用字差異，而段氏《撰異》無說。定辟，猶言定法，這一功能義相應於「厷父」之名。[59]

臧氏謂柅、辟之別是古今文用字差異，然足利本等諸寫本與九條本皆隸古定本《尚書》，何來古今文之別？

九條本作「㭒」者在《多方》篇尚有二處：

> 今至於爾辟，弗克以爾多方享天之命。
>
> 乃惟爾辟以爾多方大淫。

兩「辟」字九條本作「㭒」，S.2074皆寫作「像」，「厷父定㭒」之「㭒」《書古文訓》寫作「㑴」。《文侯之命》「亦惟先正克左右昭事厥辟」之

---

57　《説文解字》六篇上《木部》，第118頁。

58　此句《春秋繁露義證》作「人之受氣敬無惡者」（中華書局1992年版，第293頁），臧氏刪「人之受氣」四字，誤「苟」為「尚」。

59　臧克和：《尚書文字校詁》，第348頁。

「辟」，九條本作「侵」。《玉篇・人部》：「俀侵，二同，古文辟。」[60] 雖「辟」之諸隸古定字形有小別，不能定其何為正體，然「枭」字與「倏」之形較為近似，應是從「倏」訛變而來。

7. 若乩田，无勤勇甾。（梓材）

宋本「甾」作「畲」。

《説文・艸部》：「畲，不耕田也。……甾，畲或省艸。」[61] 馬敘倫云：「畲為甾之後起字。」[62] 案「甾」為初文，加水則為「淄」，《説文》無「淄」字，《尚書・禹貢》「嵎夷既略，濰、淄其道」，《漢書・地理志》「淄」作「甾」[63]。加鳥則為「鵻」，《爾雅・釋鳥》：「東方曰鶅，北方曰鵗，西方曰鷷。」《説文》無「鶅」字，「雉」篆下云：「東方曰甾，北方曰稀，西方曰蹲。」[64] 加金則為「錙」，《説文・金部》：「錙，六銖也。」[65] 傳世有戰國方孔圓錢，有銘文「兩甾」字，「甾」即「錙」字[66]。加車則為「輜」，《説文・車部》：「輜，軿車前，衣車後也。」[67]《老子》第二十六章「是以君子終日行，不離輜重」[68]，帛書老子甲、乙「輜」均作「甾」[69]。九條本作「甾」者，存古也。

---

60　《宋本玉篇》卷三《人部》，第 54 頁。

61　《説文解字》一篇下《艸部》，第 24 頁。

62　馬敘倫：《説文解字六書疏證》卷二，第 109 頁。

63　《漢書》卷二八上《地理志第八上》，第 1526 頁。

64　《説文解字》四篇上《隹部》，第 76 頁。

65　《説文解字》十四篇上《金部》，第 296 頁。

66　劉鈺、袁仲一：《秦文字通假集釋》，陝西人民教育出版社 1999 年版，第 758 頁；王輝：《古文字通假釋例》，藝文印書館 1993 年版，第 33 頁。

67　《説文解字》十四篇上《車部》，第 301 頁。

68　朱謙之：《老子校釋》，中華書局 1984 年版，第 104 頁。

69　王輝：《古文字通假釋例》，第 33 頁；白於藍：《戰國秦漢簡帛古書通假字彙纂》，第 21 頁。

8.惟元斁塈茨。（梓材）

宋本「斁」作「塗」。

莊述祖云：「《正義》云：『二文皆云斁，即古塗字。』夏竦《四聲韻》『塗』字下引《籀韻》作『斁』，是隸古定本『塗』本作『斁』。東晉枚賾傳讀『塗』，至衛包改『斁』為『塗』，遂失劉子政父子及杜林、衛宏相傳之舊。」[70]段玉裁云：「《集韻》十一模曰：『斁，同都切，塗也。《周書》斁丹雘。』去聲十一莫曰：『斁，徒故切，塗也。』賈昌朝《羣經音辨》曰：『斁音徒，《書》惟其斁暨茨，又同路切。』丁、賈皆據《經典釋文》，然則《古文尚書音義》有『斁音徒，塗也，又同路反』之文明矣。自衛包改『斁』為『塗』，而《正義》猶存『斁』字。」[71]今九條本正作「斁」，可為莊、段二氏之證。下句「惟其塗丹雘」，九條本「塗」亦作「斁」。

9.今沖子旱，則亡遺老耇。（召誥）

宋本「老」作「壽」。

《漢書・孔光傳》太后詔云：「《書》曰『無遺耇老』，國之將興，尊師而重傅。」師古注：「《周書・召誥》之辭也。言不遺老成之人也。」[72]段玉裁、繆祐孫皆謂《漢書》所引為《今文尚書》[73]，則是以作「壽耇」者為《古文尚書》。然今九條本作「老耇」，九條本亦《古文尚書》也。

《逸周書・皇門》：「下邑小國克有耇老據屏位。」[74]《國語・晉語

---

70　莊述祖：《尚書今古文考證》卷三，《續修四庫全書》第46冊，第440頁。

71　段玉裁：《古文尚書撰異》，第1983頁。

72　《漢書》卷八十一《匡張孔馬傳第五十一》，第3363頁。

73　《古文尚書撰異》，第1987頁。《漢書引經異文錄證》第6卷，第6A頁。

74　黃懷信等：《逸周書彙校集注》，上海古籍出版社1995年版，第582頁。

八》：「吾聞國家有大事，必順於典刑，而訪諮於耇老而後行之。」[75]耇老者，老成人也，即高年之人。老者，壽也，蔡邕《獨斷》卷上：「三老，老謂久也，舊也，壽也。」[76]耇亦壽也，《詩・小雅・南山有臺》「遐不黃耇」釋文：「耇，音苟，壽也。」[77]耇老同義連文。《爾雅・釋詁》：「黃髮、齯齒、鮐背、耇老，壽也。」郝懿行謂「耇老」可分釋，亦可合為一詞[78]。

　　顏師古釋「耇老」為老成之人，正與孔傳同，則顏氏所見本《古文尚書》即作「耇老」。如果師古所見《尚書》與《漢書》所引不同，必有所說，如《成帝紀》「故《書》云『黎民於蕃時雍』」，師古曰：「此《虞書・堯典》之辭也。今《尚書》作變，而此紀作蕃，兩說並通。」[79]《律曆志》「《武成篇》曰：『粵若來三月，既死霸，粵五日甲子，咸劉商王紂』」，師古曰：「《今文尚書》之辭。」[80]因其所見《古文尚書》無此語。

　　漢時《今文尚書》作「耇老」，九條本作「老耇」者，或為誤乙所致。當然耇老同義，倒文作老耇亦通。如壽考亦作考壽[81]，棄縱亦作縱

---

75　（清）徐元誥：《國語集解》，中華書局 2002 年版，第 424 頁。

76　（漢）蔡邕：《獨斷》上卷，《四部叢刊三編》，商務印書館 1935 年版，第 6A 頁。

77　《經典釋文》卷六《毛詩音義中・南有嘉魚之什第十七・南山有臺》「黃耇」條，第 77 頁。

78　郝懿行：《爾雅義疏》卷上之一《釋詁弟一》，第 47 頁。

79　《漢書》卷十《成帝紀第十》，第 312 頁。

80　《漢書》卷二十一下《律曆志第一下》，第 1015-1016 頁。

81　王秀麗：《淺析金文同義連用現象》，《古籍研究》2008 年卷下，安徽大學出版社 2009 年版，第 83 頁。

棄[82]，代庸亦作庸代[83]。

宋本作「壽耈」者，當是不識「老」有壽義，以為「老耈」不通，故改為「壽耈」也。

10. 亦則□敽敽在乃位。（多方）

宋本「敽敽」作「穆穆」。

案：偽孔傳云：「亦則用敬敬常在汝位。」《正義》引《爾雅‧釋訓》云：「穆穆，敬也。」是《正義》所據本亦作「穆穆」。《玉篇‧禾部》：「穆，古文作。」[84]《書古文訓》同，「敽」應是「敽」之形誤。

11. 烏虖，丕在受惪忞。（立政）

宋本「忞」作「啓」。

《說文‧心部》：「忞，彊也。《周書》曰：『在受德忞。』」段玉裁注云：「《立政》文，今《尚書》作『敜』[85]，《釋詁》：『敜，強也。』許所據古文不同。」[86]段氏在《古文尚書撰異》中說：「此壁中故書也。」[87]是段氏認為作『敜』者隸古定《尚書》，作「忞」者漢時孔壁中《古文尚書》也。柳榮宗云：「蓋啓訓冒，引申之亦得為彊，疑許所引今文也。」[88]則以作「忞」者漢時《今文尚書》也。馬宗霍云：「偽孔傳釋『啓』為強。案《說文‧攴部》云：『啓，冒也。』義不為彊，則作『啓』

---

82 趙生群：《〈墨子〉訓詁叢札》，《北京大學中國古文獻研究中心集刊》第 9 輯，北京大學出版社 2010 年版，第 399 頁。

83 楊樹達：《漢書窺管》卷七，上海古籍出版社 1984 年版，第 485 頁。

84 《宋本玉篇》卷十五《禾部》，第 287 頁。

85 「敜」字大徐本《說文》作「啓」，段玉裁認為昏從氏省，不從民，故凡昏旁者均改為昏旁。

86 《說文解字注》十篇下《心部》，第 506 頁。

87 《古文尚書撰異》，第 2011 頁。

88 （清）柳榮宗：《說文引經攷異》卷五，李學勤主編：《中華漢語工具書書庫》第 35 冊，安徽教育出版社 2002 年版，第 31 頁。

為叚借字。許引作『忎』，訓彊也，古文正字也。」[89]馬氏以作「忎」者為《古文尚書》，而隸古定《尚書》改為借字「暋」。今九條本作「忎」，S.2074《尚書》寫卷及《書古文訓》均作「忎」，是隸古定《尚書》作「忎」也，與許慎所見本《尚書》同。

12. 弗人譬悳，是宅顯在世。（立政）

宋本「譬悳」作「訓於德」。

《玉篇・言部》以「譬」為「訓」之古文[90]，P.3315《尚書釋文》謂「悳」為「德」之古文。

段玉裁云：「石經《尚書》殘碑『訓德是罔顯哉厥世』。按無『於』字，『在』作『哉』，此今文《尚書》也。」[91]王先謙云：「『不訓於德，是罔顯在厥世』，古文也，今文無『於』字。」[92]皆謂有「於」者為《古文尚書》，無「於」者為《今文尚書》。今九條本與 P.2630《尚書》寫卷均無「於」字，正與《漢石經》同[93]，是古文與今文相同。「於」字疑據孔傳「憸人不訓於德」而添。

九條本之「人」應是涉上「國則罔有立政，用憸人」句而衍。


（原載傅永聚、錢宗武主編《第三屆國際〈尚書〉學學術研討會論文集》，線裝書局 2015 年版）

---

89　馬宗霍：《說文解字引經攷》，第 200 頁。

90　《宋本玉篇》卷九《言部》，第 164 頁。

91　《古文尚書撰異》，第 2013 頁。

92　王先謙：《尚書孔傳參正》卷二十七《立政》，第 848 頁。

93　（宋）洪适：《隸釋》卷十四《石經尚書殘碑》，中華書局 1985 年版，第 150 頁。

# 敦煌《詩經》寫卷與中古經學

　　《詩經》是中國最早的一部詩歌總集，在春秋時代已經編成，比如西元前五四四年，吳國公子季札在魯國觀樂，《左傳·襄公二十九年》對此事有記載，其中提到了《周南》、《召南》、《邶》、《鄘》、《衛》等十五國風，也提到了《小雅》、《大雅》、《頌》，雖然十五《國風》的順序與我們現在看到的《詩經》不同，但風名並沒有區別。孔子也常提到「詩三百」，如《論語·子路》篇說：「誦《詩》三百，授之以政。」[1]《為政》篇說：「《詩》三百，一言以蔽之，曰：思無邪。」[2]後來墨子也說「詩三百」，《墨子·公孟》篇說：「誦詩三百，弦詩三百，歌詩三百，舞詩三百。」[3]我們知道，現在所見的《詩經》共三百零五篇，孔子、墨子的「詩三百」或許只是說了一個整數而已。

　　秦始皇焚書坑儒，先秦典籍損失慘重，「及秦皇馭宇，吞滅諸侯，

---

1　《論語注疏》卷十三《子路第十三》，第116頁。

2　《論語注疏》卷二《為政第二》，第16頁。

3　（清）孫詒讓撰，孫以楷點校：《墨子閒詁》卷十二《公孟第四十八》，中華書局1986年版，第418頁。

先王墳籍，掃地皆盡」[4]，但《詩經》卻有幸保存了下來。西漢時，在社會上流通傳授的有四家，這當然得歸功於詩這一文學體裁的特點，《漢書・藝文志》說：「遭秦而全者，以其諷誦，不獨在竹帛故也。」[5]也就是說，《詩》不僅抄寫在簡帛上，也記憶在腦子裡，所以雖然文本遭到了毀滅，但由於記憶在腦子裡，可以將它們重新默寫出來。

秦亡漢興，惠帝時廢除挾書之律，先秦典籍漸漸流行。由於流傳地域與傳授者的不同，西漢初期，流傳的《詩》主要有三家：《齊詩》、《魯詩》、《韓詩》，因其文本是用當時通行的隸書書寫的，所以稱為今文三家，簡稱三家詩。《齊詩》因流傳於齊國而得名，最早的傳授者是齊人轅固；《魯詩》因流傳於魯國而得名，最早的傳授者是魯人申培；《韓詩》是燕人韓嬰所傳，因傳授者而得名。到西漢中期，又有河間獻王博士毛公作傳的用先秦古文書寫的《詩》，世稱《毛詩》。一九七七年，在安徽阜陽雙古堆一號漢墓出土了一批《詩經》竹簡[6]，但這漢簡《詩經》，文字與今本《毛詩》及齊、魯、韓三家詩的佚文有很大不同，不知是四家中的哪一家抑或是四家之外的另一家[7]。

到東漢末，大儒鄭玄為毛亨《毛詩故訓傳》作箋，他在《六藝論》中對自己所作之箋有一個解釋：「注詩宗毛為主，其義若隱略，則更表明。如有不同，即下己意，使可識別也。」[8]鄭玄不僅對《毛傳》言辭隱微、解釋不明的地方作了進一步的闡釋，對於與《毛傳》看法不同

---

4　（唐）李延壽：《北史》卷七十二《牛弘傳》，中華書局點校本 1974 年版，第 2493頁。

5　《漢書》卷三十《藝文志第十》，第 1708 頁。

6　安徽省文物工作隊等：《阜陽雙古堆西漢汝陰侯墓發掘簡報》，載《文物》1978 年第8 期。

7　胡平生、韓自強：《阜陽漢簡〈詩經〉簡論》，載《文物》1984 年第 8 期。

8　《經典釋文》卷五《毛詩音義上・周南關雎故訓傳第一》「鄭氏箋」條，第 53 頁。

的地方也重加釋析，而且常用三家詩的説法來進行解釋。可以説，鄭玄《毛詩箋》兼採今古文《詩》學之長，成為漢代《詩經》學的集大成者。

由於鄭玄所箋《毛詩》是古文經，所以古文《毛詩》遂大行於世，三家詩漸超沒落。

《隋書・經籍志》云：「《齊詩》，魏代已亡；《魯詩》亡於西晉；《韓詩》雖存，無傳之者。唯《毛詩鄭箋》，至今獨立。」[9]《韓詩》雖存，然已處於邊緣地位，乏人傳授。到北宋時，《韓詩》亦亡佚[10]。

敦煌《詩經》寫卷，共有 50 號，包括斯坦因編號 17 號、伯希和編號 13 號、俄敦編號 14 號、北敦編號 2 號、日本藏 4 號。為便於大家查檢，今不厭其繁，列卷號於下：

英藏 17 號：S.10、S.134、S.329V、S.498、S.541、S.789、S.1442、S. 1533V、S.1722B、S.2049、S.2729B、S.3330、S. 3951、S.5705、S.6196、S.6346、S.11309。

法藏 13 號：P.2506、P.2514、P.2529、P.2538、P.2570、P.2660、P.2669、P.2978、P.3383、P.3737、P.4072D、P.4634B、P.4994。

俄藏 14 號：Дx.01068、Дx.01366、Дx.01640、Дx.05588、Дx.07475V、Дx.08248、Дx.09328、Дx.11933B、Дx.11937、Дx.12602、Дx.12697、Дx.12750、Дx.12759、Дx.15312。

國圖藏 2 號：BD14636、BD12252。

日本藏 4 號：天理圖書館藏 1 號；杏雨書屋藏 3 號，羽 015 ノ一、羽 015 ノ二、羽 015 ノ三。

---

9　《隋書》卷三十二《經籍志一》，第 918 頁。

10　説見葉國良《詩三家説之輯佚與鑑別》，見《經學側論》，清華大學出版社 2005 年版，第 82 頁。

　　《詩經》三百零五篇，涉及者已有二百三十一首詩，其中完整的篇目達二百零一首，已占全書的大半。我們知道，在敦煌遺書發現以前，大家所能見到的最早的《毛詩》版本是宋刻本，隋唐時期甚至隋唐以前的大量《毛詩》寫本只是傳統目錄書上的記載，根本無緣得見。而敦煌《詩經》寫本，是我們迄今為止發現的最大宗的中古時期的手寫本，為研究中古《詩經》學提供了極其寶貴的實證材料。

## 一、《毛詩》處於獨尊地位

　　《隋書・儒林傳序》云：「南北所治，章句好尚，互有不同。江左《周易》則王輔嗣，《尚書》則孔安國，《左傳》則杜元凱。河、洛《左傳》則服子慎，《尚書》、《周易》則鄭康成。《詩》則並主於毛公，《禮》則同遵於鄭氏。」[11]南北朝時期，無論南學、北學，於《詩》皆重《毛詩》。

　　陸德明《經典釋文・序錄》云：「《齊詩》久亡，《魯詩》不過江東，《韓詩》雖在，人無傳者。唯《毛詩鄭箋》獨立國學，今所遵用。」[12]《隋書・經籍志》云：「《齊詩》，魏代已亡；《魯詩》亡於西晉；《韓詩》雖存，無傳之者。唯《毛詩鄭箋》，至今獨立。」[13]可見隋末唐初時，四家詩中僅存《毛詩》、《韓詩》，而《毛詩》又獨尊鄭玄箋注本。

　　唐孔穎達承詔撰《五經正義》，其中《毛詩正義》即是以毛亨、鄭玄之《毛詩傳箋》為本。

　　我們看看隋唐三部正史的相關著錄即可明瞭當時《毛詩》所處的

---

11　《隋書》卷七十五《儒林列傳・序》，第 1705 頁。

12　《經典釋文》卷一《序錄・注解傳述人》「詩」，第 10 頁。

13　《隋書》卷三十二《經籍志一》，第 918 頁。

地位。

在《隋書・經籍志》中，著錄《詩》三十九部，沒有《齊詩》，也沒有《魯詩》，《韓詩》只有三種，其餘三十六種皆為《毛詩》。《舊唐書・經籍志》著錄《詩》三十部，存《韓詩》三種，其餘二十七種皆為《毛詩》。《新唐書・藝文志》著錄《詩》三十一部，四種《韓詩》，其餘二十七種為《毛詩》。《隋書・經籍志》、《舊唐書・經籍志》著錄的三種《韓詩》是：韓嬰《韓詩》二十卷，韓嬰《韓詩外傳》十卷，侯苞《韓詩翼要》十卷。《新唐書・藝文志》著錄的四種《韓詩》，除以上三種外，增補一種卜商《集序》二卷[14]。卜商為孔子弟子子夏，那時尚無《韓詩》，所謂卜商所作，一定是後人託名。四種《韓詩》皆漢人所作，可見南北朝隋唐時期，沒有新的《韓詩》著作問世，在社會上流行的是《毛詩》。

潘重規先生謂可據敦煌《詩經》寫卷，以覘六朝唐代詩學之風氣：「今英法所藏敦煌詩經卷子，無不非《毛詩詁訓傳》。即僅錄白文諸卷，如斯七八九、三三三〇、六三四六，皆標題為鄭氏箋，是敦煌所存六朝唐人卷子，皆毛傳鄭箋本也。觀學者誦習之本，即知當時經學之風尚。……是則六朝唐人之詩學，實毛鄭大一統時期。」[15]下面我們來具體分析一下敦煌《詩經》寫卷的情況。

今所見 50 號《詩經》寫卷，可分為四類：

(1) 白文本《毛詩》，共 22 號寫卷。

(2) 毛亨、鄭玄《毛詩傳箋》，共 23 號寫卷。

(3) 孔穎達《毛詩正義》，共 2 號寫卷。

---

14　卜商《集序》，即將《韓詩》之小序抽出集為一書。

15　潘重規：《敦煌詩經卷子研究論文集・序》，香港新亞研究所 1970 年版，第 2 頁。

　　(4) 佚名《毛詩音》，共 3 號寫卷。

　　這 50 號寫卷，23 號為《毛詩傳箋》，接近總數的一半；其他白文本《毛詩》、孔穎達《毛詩正義》、《毛詩音》共 27 號寫卷。

　　白文本《毛詩》，即只錄《毛詩》經文及《毛詩序》的寫本，但它們據以抄錄的底本卻是《毛詩傳箋》本。請看以下三例：

　　S.789 號，起《周南・漢廣》，至《鄘風・干旄》，一百七十四行，白文無注，但其中卻有「周南鵲巢詁訓傳第二　毛詩國風　鄭氏箋」、「鄘栢舟故訓傳第三　毛詩國風　鄭氏箋」這樣的小題，可知這是以《毛詩傳箋》本為底本的，只不過抄錄時刪去了毛傳和鄭箋。

　　又如 S.3330，起《小雅・鴻雁之什・鴻雁》第二章「之子於垣」，至《小雅・節南山之什・十月之交》末句「我不敢效我友自逸」，六十四行，白文無注，存《鴻雁之什》十詩及《節南山之什》三詩共十三首詩的內容。第三十四行有子目「節南山之詁訓傳第十九　毛詩國風　小雅　鄭氏箋」，知其所據者為《毛詩傳箋》本。

　　又如 S.1722B，存《詩大序》及《周南》十一篇全部，白文無注，共九十一行，首題「周南關雎詁訓傳第一　毛詩國風」，尾題「周南之國十有一篇　凡三千九百六十三字」。題為「周南關雎詁訓傳」，應是《毛詩》，然僅錄序及經文，並無毛傳及鄭箋的內容。寫卷尾題下有「凡三千九百六十三字」句。案《周南》一百五十九句，共六百三十字，即使算上《詩大序》及各篇之小序及其尾題章句數，亦僅一千五百三十四字，遠遠不及三千九百六十三字之數。今注疏本中經傳箋之總字數為四千零四十八字[16]，與此三千九百六十三字接近，可證此三千

---

16　本文凡引用《詩經》及《毛傳》、《鄭箋》與孔穎達《毛詩正義》，除標明是敦煌寫卷外，均據臺北藝文印書館 2001 年影印之阮元編嘉慶二十年南昌府學重刊宋本《十三經注疏》。

九百六十三字乃《毛傳鄭箋》本之數字,而非《毛詩》白文本之數字,可知此乃抄者據傳箋本。

　　至於孔穎達《毛詩正義》,即是為《毛詩傳箋》作疏,孔氏堅持「疏不破注」的原則,所作疏釋必符合毛傳、鄭箋,其所據以作疏之本自然是《毛詩傳箋》本。

　　兩種《毛詩音》寫卷,摘字為音,詞目單行大字,注文雙行小字,將其詞目與《毛詩傳箋》本對照,可知皆以《毛詩傳箋》為底本。

　　一九四四年八月,敦煌藝術研究所(今敦煌研究院)在莫高窟中寺後園的土地廟殘塑體內發現六朝寫本《詩經》,土地廟寫本雖非出於藏經洞[17],但也是敦煌寫本,所以在此也附帶提一下。蘇瑩輝根據寫卷的注文有與鄭箋相似者,亦有與《毛詩正義》所引王肅注相近者,認為是王肅《毛詩注》殘卷[18]。王素卻認為是佚名《韓詩注》[19]。但此殘卷中,《何人斯》篇有小序,與傳本毛序相同,既有毛序,可見是《毛詩》而不可能是《韓詩》。雖然並無證據證明這就是王肅《毛詩注》,但不是《韓詩》,是可以肯定的。

　　由此可知,敦煌所出《詩經》寫本,全部是《毛詩》,而且只有一件非藏經洞寫卷不是《毛詩傳箋》本,其他的全部屬於《毛詩傳箋》系統。中古時期,僻處西陲的敦煌,與中原地區一樣,《毛詩》處於獨尊地位。

---

17　李正宇:《土地廟遺書的發現、特點和入藏年代》,《敦煌研究》1985 年第 3 期;池田溫:《一九四四年莫高窟土地廟塑像中發現文獻管見》,饒宗頤主編《敦煌文藪》,新文豐出版公司 1999 年版。

18　蘇瑩輝:《從敦煌北魏寫本論詩序真偽及孝經要義》,《孔孟學報》第 1 期,1961 年。

19　王素:《敦煌土地廟發現的〈詩經注〉殘卷——讀〈王重民向達所攝敦煌西域文獻照片合集〉札記之一》,《敦煌文獻·考古·藝術綜合研究——紀念向達先生誕辰 110 週年國際學術研討會論文集》,中華書局 2011 年版。

## 二、《毛詩傳箋》的分卷

《隋書‧經籍志》「詩類」謂「《毛詩》二十卷，漢河間太守傅毛萇傳，鄭氏箋」[20]，《舊唐書‧經籍志》「詩類」有「《毛詩詁訓》二十卷，鄭玄箋」[21]，《新唐書‧藝文志》「詩類」有「鄭玄箋《毛詩詁訓》二十卷」[22]。《唐石經》所收《毛詩》二十卷[23]，正與《隋書‧經籍志》等所言同。

S.789《周南‧漢廣》至《鄘風‧干旄》，在「鄁栢舟故訓傳第三」下有「卷二」二字，在「鄘栢舟詁訓傳第四」下有「卷三」二字，《唐石經》正「邶風」在第二卷，「鄘風」在第三卷。

P.2529 在篇後小題「《溱洧》二章章十二句」下有「卷第四」三字，《溱洧》是《鄭風》最後一篇，《唐石經》「鄭風」正在第四卷。

P.2529 在《魏風》末有「卷第五」三字，P.2669《齊風》題下有「卷五」二字，《唐石經》「齊風」、「魏風」合為第五卷。

P.2529 在《唐風》題下有「卷第六」三字，在《秦風》末有「卷六」二字，《唐石經》「唐風」、「秦風」合為第六卷。

P.4994、P.2514、P.2570 在《小雅‧鹿鳴之什》末均有「毛詩卷第九」五字，《唐石經》第九卷的內容正為《鹿鳴之什》。

P.2506《小雅‧南有嘉魚之什》尾題「毛詩卷第十」，與《唐石經》同。

P.2978《小雅‧節南山之什》尾題「卷第十二」，S.3330《小雅‧

---

20　《隋書》卷三十二《經籍志一》，第 916 頁。

21　《舊唐書》卷四十六《經籍志上》，第 1970 頁。

22　《新唐書》卷五十七《藝文志一》，第 1429 頁。

23　《唐石經》所錄雖僅經文，但卷題之下有「鄭氏箋」三字，可知所據即《毛詩傳箋》，只是刪除了毛傳與鄭箋而已。

節南山之什》首題「毛詩卷第十二」，與《唐石經》同。

P.2978 在《小雅‧谷風之什》題下有「卷第十三」四字，《唐石經》第十三卷正《小雅‧谷風之什》內容。

BD14636《大雅‧文王之什》題下有「卷什六」三字，與《唐石經》同。

以上諸寫本的分卷與《唐石經》同。


## 三、孔穎達《毛詩正義》之體裁格式

魏晉南北朝時期，學者輩出，經學有南學、北學之分，加上儒釋道三教的分爭融合及儒學內部派系林立，異說紛紜。隋朝國祚短暫，未能有所作為。唐太宗貞觀四年，詔令顏師古校訂五經，以統一長期以來由於師傳、經說的不同以及輾轉傳抄而形成的文本差異。貞觀十二年（638），詔大儒孔穎達等撰修《五經正義》，以統一異說紛紜之經義。中經兩次修訂，於高宗永徽四年（653）頒行天下，作為科舉考試的標準。

但由於唐本《正義》不存於世，後人論《正義》之體裁，往往根據宋刻單疏本推論。或謂經、注均載全文；或謂釋經不標起止，釋注方標起止；或謂注文省略不錄，但有時錄全文；或謂標明經、注起止[24]，等等。

敦煌寫卷有兩個《毛詩正義》殘片：(1) Дх.09328 號殘片，存《大雅‧思齊》，僅四殘行，不能知其體裁格式。(2) S.498 號寫本，存《大

---

24　說詳蘇瑩輝《略論五經正義的原本格式及其標記經、傳、注文起訖情形》，見《敦煌論集續編》，臺灣學生書局 1983 年版，第 79-81 頁。

雅・民勞》部分，共三十七行，經、傳、箋皆標起止，而不出全文；
經、傳、箋之起止用朱書，正義用墨書。王重民云：「傳箋起止朱書，
正義墨書，凡『民』字皆作『人』，孔氏原書應如是也。」[25]潘重規云：
「此卷傳箋起止朱書，正義墨書，當為唐代正義原書之本來面目，殆無
疑義。」[26]據此唐寫本《毛詩正義》寫卷所反映之書寫體裁，可以證明
孔穎達《五經正義》的書寫格式是經、注皆標起止而不出全文，經、
注用朱書，《正義》用墨書以別之。《南宋刊單疏本〈毛詩正義〉》的
影印前言於《毛詩正義》體裁格式的演變有很精彩的論述，可以參
看[27]。

## 四、中古時期《毛詩音》的面貌

　　魏晉南北朝隋唐是音韻蜂出的時期，當時流行為群籍注音，謝啟
昆《小學考》著錄了這樣的音義書達八十五種，關於《詩經》的音義
書，也有十五種之多。但除了陸德明的《經典釋文・毛詩音義》外，
沒有一種保存下來。這些音義書的內容零星散見於群籍之引用，雖然
經過歷代輯佚家的艱苦工作，已經有了大量的輯佚本，但材料較少而
且不成系統。藏經洞寫本中，有兩種《毛詩音》寫卷，是我們從未見
到過的佚籍。

　　(1) S.2729B+Дx.01366《毛詩音》，是一件寫卷的兩部分，分別收藏

---

25　王重民：《敦煌古籍敘錄》，第 45 頁。

26　潘重規：《巴黎倫敦所藏敦煌詩經卷子題記》，見《敦煌詩經卷子研究論文集》，第
　　169 頁。

27　（唐）孔穎達撰：《南宋刊單疏本〈毛詩正義〉》，人民文學出版社 2012 年版。「影印
　　前言」由李霖、喬秀岩撰寫。

在英國與俄國，俄國學者孟列夫與臺灣學者潘重規證明這是同一個寫卷的內容[28]。寫卷起《詩大序》，至《唐風·山有樞》，共一百三十六行，體例與《經典釋文》相近，以毛亨傳、鄭玄箋《詩經》為底本，摘字注音。

　　(2) P.3383《毛詩音》，收藏在法國國家圖書館，存《毛詩·大雅》之《文王之什·旱麓》至《蕩之什·召旻》部分二十七篇詩的音義，共九十六行。體例亦與《經典釋文》相近，以毛亨傳、鄭玄箋《詩經》為底本，摘字注音。

　　這兩種《毛詩音》寫卷的作者不可考，但都是唐朝抄本，可以肯定是魏晉南北朝隋唐時期的音義書。通過這兩種寫卷，我們不僅可以一睹當時《毛詩》音義類著作的面貌，並可把它們的音注作為中古音研究的重要資料。而且《毛詩音》寫卷為六朝隋唐時期作品，其所用《毛詩》之底本無疑亦是當時的文本，故亦具有重要的文獻價值，筆者曾有專文作過探討[29]。

## 五、音隱類著作之體裁

　　《隋書·經籍志》云：「梁有《毛詩背隱義》二卷，宋中散大夫徐廣撰；……《毛詩總集》六卷，《毛詩隱義》十卷，並梁處士何胤撰。

---

28　〔俄〕孟列夫主編，袁席箴、陳華平譯：《俄藏敦煌漢文寫卷敘錄》，上海古籍出版社 1999 年版，第 608-609 頁；潘重規《倫敦藏斯二七二九號暨列寧格勒藏一五一七號敦煌毛詩音殘卷綴合寫定題記》，見《敦煌詩經卷子研究論文集》，香港新亞研究所 1970 年版，第 77 頁。

29　許建平：《試論法藏敦煌〈毛詩音〉寫卷的文獻價值》，載《禮學與中國傳統文化——慶祝沈文倬先生九十華誕國際學術研討會論文集》，中華書局2006 年版；《英俄所藏敦煌寫卷〈毛詩音〉的文獻價值》，《文獻》2011 年第 3 期。

亡。」又云：「《毛詩音隱》一卷，幹氏撰。亡。」[30]《梁書·處士傳·何胤》曰：「注《易》，又解《禮記》，於卷背書之，謂為《隱義》。」[31]所謂「隱」字之義，姚振宗考云：「齊梁時隱士何胤注書，於卷背書之，謂為隱義。背隱義之義蓋如此。由是推尋，則凡稱音隱、音義隱之類，大抵皆從卷背錄出，皆是前人隱而未發之意。當時別無書名，故即就本書加隱字以名之。」[32]吳承仕云：「疑『音隱』、『音義隱』諸名蓋當時通語，猶言隰栝耳。」[33]與姚說不同。S.10 卷背、P.2669 卷背均有以極小之字所寫字音，注於正面的經、傳、箋之字的對應位置。潘重規先生認為這就是「隱」一類著作的原貌：「所謂隱者，特以所著書於卷背，隱而不現，故名為隱，非有他義也。」[34]《英藏敦煌文獻》據潘說將 S.10 背面定名為「毛詩鄭箋音隱」[35]。鄭阿財認為 S.10、P.2669 卷背之音隱並非只為《毛詩》經文作音，亦為毛傳、鄭箋作音，所以傳統目錄書上所說《毛詩背隱義》、《毛詩音隱》之類，也並非只注經文的，因而 S.10、P.2669 卷背均當定名為《毛詩音隱》[36]。卷背注音是否確為正面之經傳箋之文字作音，我們可以再討論[37]，但這種注音體裁

---

30　《隋書》卷三十二《經籍志一》，第 917、916 頁。

31　（唐）姚思廉：《梁書》卷四十五《處士傳·何胤》，中華書局點校本 1973 年版，第 735 頁。

32　（清）姚振宗：《隋書經籍志考證》卷三《經部三》，《二十五史補編》第 4 冊，中華書局 1955 年版，第 5088 頁。

33　吳承仕：《經籍舊音序錄》，中華書局 1986 年版，第 67 頁。

34　潘重規：《敦煌毛詩詁訓傳殘卷題記》，見《敦煌詩經卷子研究論文集》，香港新亞研究所 1970 年版，第 1 頁。

35　《英藏敦煌文獻》第 1 卷，四川人民出版社 1990 年版，第 4 頁。

36　鄭阿財：《論敦煌文獻展現的六朝隋唐注釋學──以〈毛詩音隱〉為例，載《敦煌學輯刊》2005 年第 4 期。

37　許建平：《敦煌〈詩經〉卷子研讀札記二則》，載《敦煌學輯刊》2004 第 1 期。

確為音隱類著作之原貌，是沒有疑問的。敦煌《詩經》寫本的出土，使千年疑蘊，一朝冰釋。

## 六、中古時期《毛詩傳箋》之文本面貌

從事典籍研究的目的，就是為了正確地了解古代社會、文化的面貌以及古人的思想、信仰、生活等，為現實服務。而進行深入的研究，首先必須還原典籍原貌，歷代學者為此注入了大量心血，對傳世典籍進行校勘。特別是乾嘉諸儒，他們憑藉深厚的小學功底，在資料的占有上可謂竭澤而漁，在《詩經》的文本校勘方面達到了登峰造極的地步。所以，要在校勘上有更進一步的發展，必須依賴出土文獻。敦煌《毛詩》寫卷都為中古時期寫本，是漢晉簡本時代與宋以後的刻本時代之間《毛詩傳箋》文本演變的重要一環，對於我們探尋漢時《毛詩》文本之原貌具有重要的價值。試舉數例：

1. 《大雅·桑柔》：「憂心慇慇，念我土宇。我生不辰，逢天僤怒。自西徂東，靡所定處。多我覯痻，孔棘我圉。」

此為《桑柔》篇第四章，其偶數句之宇、怒、處、圉相押，而其奇數句之慇、辰、東、痻當亦押韻，然慇、辰、痻在真文部，而「東」則為東部字。「西」為脂部字，脂部與真文部對轉。江有誥《古韻總論》曰：「《詩》中八句交互隔協者，每缺第七句不韻。《沔水》之『莫肎念亂』，《正月》之『楀維師氏』，《桑柔》之『其何能淑』，《板》之『先民有言』，《出車》之『王事多難』，皆七句也。惟『自西徂東』以五句不韻。愚謂當作『自東徂西』，西與慇、辰、痻元文通韻，傳寫者誤倒

其文耳。」³⁸朱駿聲《説文通訓定聲·豐部第一》「東」字下云：「《詩·桑柔》葉慇、辰、東、瘨。按當作『自東徂西』，傳寫誤到。」³⁹江、朱之説多為後來學者信從，如林之棠《詩經音釋》、王力《詩經韻讀》、王顯《詩經韻譜》⁴⁰。亦有學者不從其説，如陸志韋《詩韻譜》以「自西徂東」句不入韻⁴¹。S.6196《毛詩》寫卷末行作「我生不辰逢天㝏怒自東」，「東」下「徂」字殘存部分筆劃，後面皆殘泐，然我們可以推知「徂」下一字必為「西」。寫卷作「自東徂西」，正可為江、朱之説佐證。作「自西徂東」者，蓋不解先秦聲韻，以為慇、辰、瘨與「西」不協，而「東」則同為陽聲韻，遂奮筆而改。《唐石經》已作「自西徂東」，其所改動，亦已久矣。

　　2. 《鄘風·蝃蝀》：「乃如之人也，懷昏姻也。」

　　王先謙《詩三家義集疏》云：

　　　　《列女傳·陳女夏姬篇》：「《詩》云：『乃如之人兮，懷昏姻也，大無信也，不知命也。』」言嬖色殞命也。《韓詩外傳》一略云：不肖者精化始具，觸情縱慾，是以年壽極夭而性不長。《詩》曰：「乃如之人兮，懷昏姻也，大無信也，不知命也。」《説苑·辨物篇》引《詩》語並同。據此，魯、韓作「兮」。⁴²

---

38　（清）江有誥：《音學十書·古韻總論》，中華書局 1993 年版，第 26 頁。

39　（清）朱駿聲：《説文通訓定聲·豐部第一》，第 31 頁。

40　林之棠：《詩經音釋》下冊，商務印書館 1934 年版，第 70 頁；王力《〈詩經韻讀》，上海古籍出版社 1980 年版，第 371 頁；王顯《詩經韻譜》，商務印書館 2011 年版，第 285 頁。

41　陸志韋：《詩韻譜》，見《陸志韋語言學著作集（二）》，中華書局 1999 年版，第 159 頁。

42　（清）王先謙撰，吳格點校：《詩三家義集疏》卷三中《邶鄘衛柏舟第四·蝃蝀》，中華書局 1987 年版，第 247 頁。

王氏因《列女傳》、《韓詩外傳》、《說苑》作「兮」而認為《毛詩》作「也」而《魯詩》、《韓詩》作「兮」。P. 2529 第二百零二行作「乃如之人兮」，與《列女傳》等所引同，而 P.2529 寫卷為《毛詩》，是唐時《毛詩》文本有作「兮」而不作「也」者。段玉裁《詩經小學》於《君子偕老》「玼兮玼兮，其之翟也」下云：「此篇『也』字疑古皆作『兮』……古《尚書》、《周易》無『也』字，《毛詩》、《周官》始見，而孔門盛行之。『兮』在第十六部，『也』在第十七部，部異而音近，各書所用『也』字本『兮』字之假借。」[43]商承祚曰：「秦詔權及詔版之二世詔、琅邪台刻石、詛楚文、亞駝石等又用『也』，間亦用𢆉，是𢆉、也兩字通用之證。」[44]是「也」作語助起源甚早，段玉裁以為「兮」早於「也」的說法不確。但也、兮二字古多混用，其例甚夥[45]。漢時《毛詩》作「也」還是「兮」，仍需更多材料證實，但不能據後世屢經刊刻之本率爾論定《毛詩》用字之原貌。

　　3.《豳風·伐柯》：「伐材如何？匪斧不克。」S.1442、S.2049「伐柯如何」作「伐柯如之何」。

　　李富孫云：「《白帖》十七、八十二，《藝文類聚》四十，《御覽》五百四十一引作『如之何』，下句同。案：《白帖》諸本引作『如之何』，當涉『南山崔崔』之文而誤。」[46]李氏所言「南山崔崔」之文，即《齊風·南山》「析薪如之何？匪斧不克。取妻如之何？匪媒不得」句，謂「伐柯如何」因「析薪如之何」句而誤為「伐柯如之何」。

---

43　（清）段玉裁：《詩經小學》，《清經解》第 4 冊，上海書店 1988 年版，第 172 頁。

44　商承祚：《石刻篆文編字說》，《石刻篆文編》附錄，中華書局 1996 年版，第 38 頁。

45　（清）王引之撰，李維琦點校：《經傳釋詞》卷四「也」字條，岳麓書社 1984 年版，第 88 頁。

46　（清）李富孫：《詩經異文釋》，《清經解續編》第 2 冊，上海書店 1988 年版，第 1362 頁。

《禮記・坊記》引《詩》云：「伐柯如之何，匪斧不克；取妻如之何，匪媒不得。藝麻如之何，橫從其畝；取妻如之何，必告父母。」《正義》釋之曰：「《詩》云『伐柯如之何，非斧不克』者，此《詩・齊風・南山》之篇。」[47]按前四句從「伐柯」至「不得」，當是《豳風・伐柯》之文；後四句「藝麻」以下，方為《南山》之文。《正義》以為全是《南山》之詩，誤也。S.1442、S.2049 作「伐柯如之何」，三類書所引亦作「如之何」，正與《禮記》所引合，是《伐柯》詩原即作「伐柯如之何」，今本無「之」者，蓋以為此詩皆四言而刪之。朱廷獻云：「尋繹本詩四字為句，似無『之』字較妥。」[48]袁梅云：「《白帖》十七、八十二，《藝文類聚》四十，《太平御覽》五百四十一各引《詩》『伐柯如之何』，獨出五言句，與通篇四言之例不諧，疑為傳鈔誤增『之』字。」[49]所犯即此種錯誤。程燕云：「此詩在《毛詩》本子中是整齊的四字一句的格式，但敦煌本在『如何』中加一『之』，導致整首詩四字句、五字句雜糅，句式不整齊。但因為《詩經》中類似這樣字數不整齊的詩很多，此處可能是抄手篡改，亦可能源自另一文本。」[50]謂「可能源自另一文本」，是也；而疑為「抄手篡改」，則誤。

4.《秦風・駟驖》「公曰左之，舍拔則獲」鄭箋：「拔，括也。舍拔則獲，言公善射。」

鄭玄解經，在對經中之詞作訓詁後，凡重複此句經文，必以訓詁之語代之，如《邶風・凱風》「爰有寒泉」箋：「爰，曰也。曰有寒泉

---

47　《禮記正義》卷五十一《坊記第三十》，第 871-872 頁。

48　朱廷獻：《詩經異文集證》，《文史學報》第 14 期，1984 年 6 月。

49　袁梅：《詩經異文彙考辨證》，齊魯書社 2013 年版，第 294 頁。

50　程燕：《詩經異文輯考》，安徽大學出版社 2010 年版，第 208 頁。

者，在浚之下浸潤之。」[51]《魏風・碩鼠》「碩鼠碩鼠」箋云：「碩，大也。大鼠大鼠者，斥其君也。」[52]《小雅・南山有臺》「遐不眉壽」箋云：「遐，遠也。遠不眉壽者，言其近眉壽也。」[53]則此處箋文「舍拔則獲」依例當作「舍括則獲」。P.2529 第五百三十五行正作「舍括則獲」。

　　敦煌本《詩經》寫卷的發現，是經學研究史上的大事，也是《詩經》學史上的大事，通過對這批寫卷的研究，不僅可以證實文獻記載的中古時期《毛詩》一統天下的局面，也可以藉之解決經學史上諸多懸而未決的問題，諸如《毛詩正義》原本之體裁格式、音隱類著作之體裁，等等。而且由於它是中古時期寫本，保存了當時《毛詩傳箋》的文本面貌，是漢晉簡本時代與宋以後的刻本時代之間《毛詩傳箋》文本演變的重要一環，對於我們探尋漢時《毛詩》文本之原貌具有重要的價值。

（原載《敦煌學輯刊》2014 年第 4 期）

---

51　《毛詩正義》卷二之二《邶風・凱風》，第 85 頁。

52　《毛詩正義》卷五之三《魏風・碩鼠》，第 211 頁。

53　《毛詩正義》卷二之二《小雅・南山有臺》，第 347 頁。

地域文化研究叢書 · 敦煌文化研究叢刊　A0204019

# 敦煌經學文獻論稿　上冊

| | |
|---|---|
| 作　　　者　許建平 | |
| 版權策畫　李煥芹 | |
| 責任編輯　曾湘綾 | |

發 行 人　陳滿銘

總 經 理　梁錦興

總 編 輯　陳滿銘

副總編輯　張晏瑞

編 輯 所　萬卷樓圖書股份有限公司

排　　版　菩薩蠻數位文化有限公司

印　　刷　百通科技股份有限公司

封面設計　菩薩蠻數位文化有限公司

出　　版　昌明文化有限公司

桃園市龜山區中原街 32 號

電話 (02)23216565

發　　行　萬卷樓圖書股份有限公司

臺北市羅斯福路二段 41 號 6 樓之 3

電話 (02)23216565

傳真 (02)23218698

電郵 SERVICE@WANJUAN.COM.TW

大陸經銷

廈門外圖臺灣書店有限公司

　　電郵 JKB188@188.COM

**ISBN 978-986-496-473-4**

2019 年 3 月初版

定價：新臺幣 300 元

如何購買本書：

1. 轉帳購書，請透過以下帳戶

　 合作金庫銀行 古亭分行

　 戶名：萬卷樓圖書股份有限公司

　 帳號：0877717092596

2. 網路購書，請透過萬卷樓網站

　 網址 WWW.WANJUAN.COM.TW

大量購書，請直接聯繫我們，將有專人為您

服務。客服：(02)23216565 分機 610

如有缺頁、破損或裝訂錯誤，請寄回更換

國家圖書館出版品預行編目資料

敦煌經學文獻論稿　上冊 / 許建平著.-- 初

版.-- 桃園市：昌明文化出版；臺北市：萬

卷樓發行, 2019.03

　　冊；　公分

ISBN 978-986-496-473-4(上冊：平裝).--

1.敦煌學　2.經學

797.9　　　　　　　　　　　108003211

本著作物經廈門墨客知識產權代理有限公司代理，由浙江大學出版社有限責任公司授權
萬卷樓圖書股份有限公司發行中文繁體字版版權。

本書為真理大學產學合作成果。　　　　　　　　　校對：喬情／臺灣文學系